일상을 바꾸는 명상의 힘

하루 15분 명상

일상을 바꾸는 명상의 힘

하루 15분 명상

초 판 1쇄 펴냄 2013년 9월 10일
개정판 1쇄 펴냄 2020년 2월 25일

지은이 혜거 스님
펴낸이 김선영
펴낸곳 책으로여는세상

기획 안동권 | **편집** 김선영 | **디자인** Design Hada

출판등록 제2012-000002호
주소 (우) 12572 경기도 양평군 강상면 강상로 476-45
전화 070-4222-9917 | **팩스** 0505-917-9917 | **E-mail** dkahn21@daum.net

ISBN 978-89-93834-51-2 (03180)

책으로여는세상
좋·은·책·이·좋·은·세·상·을·열·어·갑·니·다

*잘못된 책은 사신 곳에서 바꿀 수 있습니다.
*이 책에 실린 모든 내용은 〈책으로여는세상〉의 서면 동의 없이는 사용할 수 없습니다.

이 도서의 국립중앙도서관 출판시도서목록(CIP)은 서지정보유통지원시스템 홈페이지(http://seoji.nl.go.kr)와
국가자료종합목록 구축시스템((http://kolis-net.nl.go.kr)에서 이용하실 수 있습니다.(CIP제어번호: CIP2020007109)

|일·상·을·바·꾸·는·명·상·의·힘|

하루 15분 명상

혜거 스님 지음

책으로여는세상

자기 변화에 이르는 길, 명상

미국 코넬 대학교는 '인류유산 프로젝트'라는 이름으로 70세 이상의 노인들을 대상으로 '인생의 지혜'에 대해 조사한 적이 있습니다. 인생 경험이야말로 가장 고귀한 삶의 지혜라는 생각에서 시작된 이 프로젝트에는 1천 명의 노인들이 참여했고, 전문가들은 이들을 대상으로 다양한 인터뷰를 진행했습니다.

각계각층의 노인들로 이루어진 이 집단의 공통점은 대부분 인생을 평화롭게 살았고, 오랫동안 좋은 부부 관계를 유지해왔다는 것이었습니다.

5년 동안 진행된 이 프로젝트를 통해 주옥같은 인생의 지혜들이 쏟아져 나왔습니다. 이 지혜들은 수많은 좌절과 실패, 시행착오를 거친 다음에 얻게 된 것들이었기에 그 어떤 똑똑한 사람의 지혜보다 폭이 넓고 깊었습니다.

그런데 이들 노인들이 이야기한 삶의 다양한 지혜들 가운데 공통적인 것이 하나 있었습니다. 그것은 바로 '사람은 절대 바뀌지 않는다'는 것이었습니다.

인터뷰에 응한 1천 명의 노인들은 젊은 시절부터 배우자를 비롯해, 가족, 친척, 친구, 이웃들과 크고 작은 갈등을 경험했고, 그때마다 상대방을 변화시켜 행복하고 즐거운 인생을 살려고 무척 노력했다고 합니다. 그런데 수십 년이 지나 삶을 되돌아보니 그들은 전혀 바뀌지 않았다고 했습니다.

노인들은 깨달았다고 합니다. 상대방을 변화시키려고 애썼던 자신들의 노력이 얼마나 덧없고 어리석은 것이었는지를요. 그리고 한 가지 더 깨달은 사실은 '변화시킬 수 있는 사람은 오직 자기 자신뿐'이라는 사실이었습니다.

사람들은 갈등이 생길 때마다 상대방을 변화시키려고 합니다. 상대방이 달라지기만 하면 문제가 해결될 거라고 생각하는 것이지요. 하지만 정말 그럴까요? 비록 운 좋게도 그 사람이 변화되어 그 순간의 갈등이 해결되었다고 해도, 그 사람의 또 다른 면으로 인해 갈등은 또 다시 생길 수밖에 없습니다.

그뿐만이 아닙니다. 나와 갈등을 겪게 될 사람은 그야말로 무궁무진합니다. 직장 동료들과 거래처 사람들, 나와 벽을 공유하고 있는 아파트의 이웃, 내 형제들과 배우자의 가족을 비롯해 무수히 많은 사람들이 나와 갈등을 일으킬 수 있습니다. 그렇다고 그때마다 이 모든 사람들을 변화시킬 수는 없습니다.

노인들의 인생 지혜가 이야기해주듯이 내가 바꿀 수 있는 사람이란 세상에 없습니다. 오로지 내가 바뀔 수 있을 뿐입니다. 다른 사람의 생각을 내 생각대로 변화시키는 것은 불가능하지만, 내 생각을 바꾸는 것은 그리 어렵지 않습니다. 인터뷰에 응한 1천 명의 노인들이 오랫동안 좋은 부부 관계를 유지해오고, 나아가 친척, 친구, 이웃들과도 좋은 관계를 유지할 수 있었던 비결 역시 자기 자신의 변화에 있었다고 했습니다.

나를 찾아와 사는 것이 너무 괴롭다며 하소연하는 사람들이 있습니다. 그들의 이야기를 들어보면 궁극적으로 그들을 가장 힘들게 하는 것은 바로 사람과의 관계입니다. 그런데 좀 더 이야기를 들어보면 그들이 느끼는 고통이란, 자기는 전혀 변할 생각이 없으면서 상대방이 변하지 않는 것에 대한 불만과 그로 인한 고통일 때가 대부분입니다.

불가능한 것을 고민하다 보니 고민은 해결될 리 없고, 결국에는 분노로 변해 자기 안에 쌓이게 됩니다. 그리고 어느 순간 자기도 모르게 분노가 폭발해 주변 사람들을 힘들게 하고, 그런 자신의 모습

때문에 또 다시 괴로워하게 되는 악순환에 빠지고 맙니다.

　이런 사람들에게 나는 조용한 곳으로 가서 명상을 하라고 말합니다. 가장 쉽고 좋은 방법이자, 유일한 방법이기 때문입니다. 다른 사람을 변화시키는 것은 처음부터 불가능한 일입니다. 고통에서 벗어나기 위해서는 자기 자신이 변하는 수밖에 없습니다. 그리고 명상은 그러한 자기 변화를 이끌어주는 좋은 길잡이이자 친구입니다.

　하루 15분, 하던 일을 멈추고 조용한 곳에 홀로 앉으십시오. 그리고 가만히 자신의 내면을 들여다보십시오. 마음속 티끌이 가라앉으면서 연못 속의 구슬이 보일 것입니다.

2020년 1월 금강선원에서
혜거

조용한 곳에 홀로 앉아 참된 나를 만나다

무명과의
만남

어느 날 40대 중반의 한 남자가 명상을 배우고 싶다며 찾아왔습니다. 피부가 하얗고 얼굴선이 분명한 것이 무척 기품 있고 잘생긴 얼굴이었습니다. 몸매도 40대 중반의 나이치고는 아주 보기 좋을 정도로 균형이 잡혀 있었습니다. 여러 가지로 자기 관리를 잘하는 사람인 듯했습니다. 게다가 한눈에 봐도 공부를 많이 한 사람처럼 지적인 얼굴을 하고 있었습니다.

대한민국에서 40대 중반이면 한창 일할 나이입니다. 그 역시 대기업은 아니지만 이름난 중소기업의 한 부서에서 팀장을 맡고 있었습니다. 늘 열심히 일했고 능력도 있다 보니 회사에서도 인정받아 비교적 젊은 나이에 팀장으로 승진한 사람이었습니다. 그는 누구라도 부러워할 만한 여러 가지 조건을 가지고 있었습니다.

16

그런데 그의 얼굴에는 그가 가지고 있는 객관적인 조건들에 대한 만족감이나 여유 같은 것이 보이지 않았습니다. 표정은 굳어 있었고, 초점이 흔들리는 눈은 뭔가 불안해 보였습니다. 그러다 보니 잘생기고 기품 있는 얼굴은 훈남이 되지 못하고 기숙사 사감 같은 얼굴이 되고 말았습니다.

나는 그에게 왜 명상을 배우고 싶은지 물어보았습니다. 잠시 말이 없던 그는 대답 대신 "어떻게 하면 분노를 조절할 수 있습니까?"하고 물었습니다. 그렇게 말하는 그의 눈빛에서는 뭔지 모를 절실함이 느껴졌습니다.

그는 분노 조절이 잘 되지 않는다고 했습니다. 무엇 때문에 그렇게 생각하는지 물어보자, 화를 잘 참지 못한다고 했습니다. 그 때문에 아주 사소한 일에도 크게 화를 내고 분노하는 바람에 너무 괴롭다고 했습니다. 그는 며칠 전에 있었던 이야기를 들려주었습니다.

차를 운전해 한적한 시골길을 달리는데 저 멀리 신호등 없는 삼거리가 보였다고 합니다. 그가 달리던 길은 2차선 국도였고, 오른쪽에서 진입하는 길은 좁은 1차선 농로였습니다. 그 농로에는 승용차 한 대가 좌회전을 하려고 서 있었습니다. 그의 차는 제법 빠른 속도로 달리고 있는 중이었기 때문에 그는 그 승용차가 당연히 자신이 지나가고 난 다음에 진입할 것으로 생각했습니다. 그래서 속도를 줄이지 않았는데, 갑자기 그 승용차가 튀어나와 좌회전을 하는 바람에 깜짝 놀란 그는 급하게 브레이크를 밟았고, 다행히 사고는 나지 않았지만 심하게 화가 났다고 했습니다.

여기까지는 일반적으로 많은 사람들이 보일 수 있는 반응입니다. 누구라도 그런 상황이면 화가 나는 것이 당연하기 때문입니다. 하지만 그는 여기서 멈추지 않았습니다. 경적을 여러 번 울리고 상향등을 번쩍거렸습니다. 그것도 모자라 창문을 내리고는 큰 소리로 욕까지 했다고 합니다.

그렇게 사건은 끝났지만, 그는 목적지에 도착할 때까지 끓어오르는 분노로 심장이 두근거리고 기분이 아주 좋지 않았다고 합니다. 그리고 시간이 많이 지난 뒤에도 그때 일만 생각하면 그 승용차 운전사를 두들겨 패주고 싶을 정도로 화가 치밀어 올랐다고 했습니다. 게다가 그렇게 생각하지 않으려고 노력해도 자신의 의지와 상관없이 계속 그런 상황 속으로 끌려 들어갔다고 했습니다.

그가 겪었을 심리적 갈등과 고통이 이해가 되었습니다. 나는 한동안 가만히 있었습니다. 그도 더는 말이 없었습니다. 잠시 뒤, 나는 그에게 어떻게 하면 자신의 분노를 다스릴 수 있을 것 같은지 물어보았습니다. 그는 명상을 하면 자신의 마음을 다스릴 수 있다고 들었다며, 마음을 다스릴 수 있으면 분노도 다스릴 수 있을 것 아니냐고 했습니다.

나는 잠시 말없이 앉아 있었습니다. 그도 말이 없었습니다. 제법 시간이 흘렀을 즈음, 나는 그에게 명상을 해 보라고 했습니다. 그리고 1주일에 한 번씩 나와 만나 마음을 다스리는 명상 여행을 떠나보자고 했습니다. 그 여행은 금방 끝이 날 수도 있고, 아주 오랫동안 계속될 수도 있다고 말해주었습니다. 그는 고개를 끄덕였습니다.

　그렇게 그와 나의 첫 만남은 시작되었습니다. 나는 그에게
매일 비슷한 시간에 고요한 상태에서 15분 동안만 앉아 있으라
고 했습니다. 그러고는 그 느낌을 글로 적어보라고 했습니다.
그것이 명상이라고 말해주었습니다. 뭔가 특별한 것을 기대했
던 것인지 그는 살짝 실망스런 표정을 보였습니다.

　하지만 그렇게 해 보겠노라며 고개를 끄덕였습니다. 그리고
그는 돌아갔습니다. 여전히 그의 어깨는 처져 있었고, 얼굴은
굳어 있었습니다. 돌아 걸어가는 그에게 나는 무명(無明)이
란 이름을 붙여주었습니다.

🐘 모든 것은 마음으로부터

사람들은 돌아서면 후회할 말과 행동을 할 때가 많습니다. 다
행히 금방 용서받고 이해받을 수 있는 말과 행동일 때도 있지
만, 돌이킬 수 없는 말과 행동을 하는 경우도 많습니다. 왜 그

럴까요?

뭔가 복잡한 속내가 있는 것 같아 보이지만 사실은 너무나 간단하고 단순합니다. 자신의 마음을 다스리지 못하기 때문입니다. 분명 내 몸에 붙어 있는 입인데, 그 입이 하는 말을 다스리지 못한다면 과연 그 입을 내 입이라 할 수 있을까요? 내 몸에 붙어 있는 팔과 다리지만, 내가 그 팔과 다리를 다스리지 못한다면 과연 그것이 내 팔이요, 내 다리라고 할 수 있을까요?

그렇다고 입이 저 홀로 생각하고 판단해서 말을 하는 것은 아닙니다. 손과 발도 저 홀로 생각하고 판단해서 움직이지 않습니다. 누군가 그 말을 하도록 하기 때문에 입이 말을 하고, 손과 발이 움직여 행위를 만들어냅니다. 그것이 무엇일까요? 말을 하게 하고, 손과 발을 움직여 행위를 만들어내는 것이.

뭔가 복잡해 보이지만 사실은 아주 단순합니다. '마음'입니다. 내 마음이 내 입이 하는 말을 결정합니다. 내 마음이 내 손과 발을 움직여 행위를 일으키게 합니다. 결국 내가 내 마음을 다스리지 못한다면, 입은 내가 원하지 않는 말을 불쑥불쑥 내뱉을 것이요, 손과 발은 내가 원하지 않은 행위를 하고 말 것입니다. 그리고 그에 대한 후회와 책임은 전적으로 나 자신이 져야 합니다. "입, 네가 그렇게 말했으니 네가 책임져라" 하며 입을 원망할 수는 없습니다.

해서는 안 될 생각을 하고, 해서는 안 될 말을 하고, 해서는 안 될 행동을 하며 후회하는 까닭은 모두 마음을 다스리지 못했기 때문입니다. 그런데 정작 학교에서는 마음을 다스리는 방법을 가르쳐주지 않습니다. 수학을 가르치고 영어를 가르치고 역사를 가르치고 온갖 학문을 가르치지만, 정작 살아가는 데 가장 중요한 마음을 다스리는 기술은 가르쳐주지 않습니다. 그러고는 학생들에게 늘 좋은 말을 하고, 좋은 행동을 하라고 합니다. 그렇게 하지 않으면 야단을 치고 벌을 주기도 합니다.

하지만 좋은 말과 좋은 행동은 결국 마음에서 나오는데, 마음을 다스리는 훈련을 해주지 않고 어찌 입에서 좋은 말이 나오고 몸에서 좋은 행동이 나오기를 기대할 수 있을까요?

🐘 마음 관찰하기

사람들은 하루에도 몇 번씩 자신의 마음과 따로 노는 말과 행동 때문에 곤란을 겪거나 피해를 당합니다. 때로는 다른 사람을 곤란하게 만들거나 피해를 주기도 합니다. 피해를 주든 피해를 받든 마음이 불편한 것은 마찬가지입니다.

이처럼 우리는 늘 마음을 다스리지 못해 자주 불편함을 느끼고 살면서도 자신의 마음을 관찰해볼 생각은 못 합니다. 못 한다기보다 하기 싫어합니다. 왜냐하면 너무 어렵고 힘들기 때문입니다. 하지만 마음을 관찰하지 못하면 어째서 마음과 몸이 따로 노는지를 모르게 되고, 비슷한 상황이 되면 똑같은 행동을 자꾸만 되풀이하고 맙니다. 그러다가 돌이킬 수 없는 상황에 빠져들기도 하는 것이 사람입니다.

그 연결 고리를 끊어내기 위해서는 자신의 마음을 다스려 더이상 후회할 말과 행동을 하지 않도록 해야 합니다. 그러려면 무엇보다 자신의 마음을 들여다볼 수 있어야 합니다. 이때 자신의 마음을 들여다본다는 것은 관찰한다는 뜻입니다. 관찰을 해야만 볼 수 있기 때문입니다. 볼 수 있어야만 문제를 해결할 수 있는 답도 찾을 수 있습니다.

사람들은 흔히 험한 말이 불쑥불쑥 나오고, 시도 때도 없이 거친 행동과 적절하지 못한 행동이 나와 힘들다고 합니다. 하지만 결코 불쑥불쑥이 아닙니다. 시도 때도 없는 것도 아닙니다. 마음을 관찰하다 보면 일정한 패턴이 있음을 알게 됩니다. 그리하여 '아, 이럴 때 후회할 말을 하는구나', '이럴 때 후회할 행동을 하는구나' 하는 것을 알게 됩니다. 이것이 관찰의 힘입니다. 이것만 알게 되어도 자신의 말과 행동을 다스릴 수 있는 가능성은 높아집니다.

무엇인가를 관찰하기 위해서는 멈추어야 합니다. 물론 걸어가면서, 또는 뛰어가면서, 심지어 자동차를 타고 가면서도 관찰할 수 있습니다. 하지만 그것은 겉으로 드러나 있는 외부 세계를 관찰할 때입니다. 그래서 이런 경우 관찰이라고 하기보다 '관람' 또는 '구경'이라고 합니다. 이것은 오로지 겉모습을 볼

뿐입니다.

관람이나 구경이 아니라, 내면세계를 관찰하려면 멈춰야 합니다. 무엇보다 자신의 마음을 들여다보려면 반드시 멈춰야 합니다. 멈추는 것만으로도 부족하고, 아주 고요한 상태에서 가만히 앉아 자신의 내면을 감싸고 있는 모든 것들이 가라앉아 깊은 내면의 세계가 보일 때까지 기다려야 합니다.

이는 탁한 연못 속에서 진주 구슬을 찾는 것과 비슷합니다. 연못 속에 빠진 진주 구슬을 찾으려면 마땅히 물결을 고요하게 해야 합니다. 구슬을 찾겠다고 연못을 휘저으면 물은 점점 탁해지고 구슬을 찾기는 더욱 어려워집니다. 이럴 때는 연못의 물이 고요해질 때까지 기다려야 합니다. 물이 고요해지면 구슬은 절로 드러나기 마련입니다.

세상 온갖 일에 시달리는 사람이란 마구 분탕질해져 있는 연못의 흙탕물과 같습니다. 그런 연못에서는 구슬이 잘 보이지 않듯이, 온갖 세상의 일에 시달리고 온갖 망상과 욕심, 분노와 탐욕, 시기와 질투, 미움이 가득 찬 상태에서는 자신의 마음이 잘 보이지 않습니다. 잘 보이지 않으면 잘 다스릴 수 없습니다.

이럴 때는 가만히 멈춰 고요한 상태에서 기다려야 합니다. 그렇게 되면 마음속의 온갖 것들이 가라앉게 되고, 마침내 자기 자신의 참된 내면이 보이게 됩니다. 이 내면에 몰입해 관찰하는 것, 이것이 바로 명상입니다.

| 두 번째 만남 |

하루 15분
명상 여행

1주일 뒤 무명은 다시 나를 찾아왔습니다. 얼굴은 여전히 굳어 있었습니다. 삶의 의미도, 아무런 기쁨도 없는 듯한 얼굴은 지칠 대로 지친 모습이었습니다. 나는 지친 그의 몸부터 쉬게 해 주어야겠다고 생각했습니다.

　　나는 무명을 편안한 자세로 눕게 했습니다. 명상방에 누우라고 하자 무명은 무척 부담스러워 하는 표정을 지었습니다. 나는 괜찮다고 했고, 무명은 썩 내키지 않는 얼굴을 한 채 누웠습니다.

　　나는 무명에게 손은 허리 옆에 자연스럽게 떨어트리고 손바닥은 하늘을 보게 했습니다. 더할 나위 없이 편안해야 할 자세였지만 무명은 결코 편안해 보이지 않았습니다. 필요 이상으로 몸이 굳어 있었습니다. 너무나 오랫동안 긴장하고 경직된 상태로 살아왔기 때문인 듯했습니다.

눈을 감고 누워 있는 무명에게 나는 부드러운 목소리로 "당신의 몸은 무척 편안합니다"라는 말을 해 주었습니다. "당신은 지금 아주 편안한 곳에 누워 있고, 당신의 몸은 점점 편안해지고 있습니다"라고 말해주었습니다. 잠시 뒤 "당신의 몸은 점점 가벼워지고, 점점 편안해지고, 점점 따뜻해집니다"라고 되풀이해서 말해주었습니다.

나는 무명에게 아랫배를 볼록하게 하면서 천천히 숨을 들이마시고, 배를 홀쭉하게 만들면서 천천히 숨을 내쉬도록 했습니다. 그리고 넷을 셀 동안 숨을 들이쉬고, 내쉴 때는 여덟을 세게 했습니다.

무명의 몸은 빠른 속도로 이완되어 갔습니다. 그와 동시에 조금씩 편안해지는 듯 보였습니다. "당신의 몸은 점점 편안해지고 있습니다"는 말을 또 되풀이해 주었습니다. "온몸의 근육이 풀어지면서 몸은 점점 더 편안해지고, 점점 더 가벼워집니다"라고 말해주었습니다.

©Engin Asil

잔뜩 굳어 있던 무명의 얼굴은 조금씩 부드럽게 바뀌어 갔고, 어느새 그는 잠이 들었습니다. 잠든 무명에게 나는 계속해서 평안의 메시지를 말해주었습니다.

"당신은 무척 편안합니다."

정확히 15분 뒤, 나는 무명을 깨웠습니다. 깊게 잠이 든 무명은 몸을 가볍게 흔들어주자 깨어났습니다. 잠을 깬 무명은 한동안 자기가 어디에 누워 있는지 모르는 눈치였습니다.

무명의 표정은 한결 밝고 편안해져 있었습니다. 그에게 잘 잤느냐고 물어보자, 그렇게 편안하고 달콤하게 잔 것은 처음이라 했습니다. 그러면서 자기가 얼마나 오랫동안 잤는지 물었습니다. 15분밖에 자지 않았다고 하자 무척 놀라는 눈치였습니다. 그는 몇 시간을 자고 일어난 것처럼 몸이 개운하고 가볍다고 했습니다.

🐘 반듯하면서도 편안하게 앉기

편안한 얼굴이 된 무명에게 나는 지난 1주일 동안 명상을 열심히 했는지 물었습니다. 무명은 열심히 했다고 했습니다. 그런데 너무 힘들었다고 했습니다. 무엇이 그렇게 힘들었는지 물어보자 앉아 있는 것이 힘들었다고 했습니다.

명상을 시작하면 처음에는 누구나 앉아 있는 것이 고통일 수밖에 없습니다. 나는 무명에게 어떻게 앉았는지 물어보았습니다. 그는 책상다리를 하고 앉더니 두 손을 모아 허벅지에 올리고는 두 손가락이 맞닿게 했습니다. 텔레비전이나 책에서 본 명상 모습을 비슷하게 흉내 낸 자세였습니다.

무명은 그 자세를 취하고 앉으면 너무 힘들다고 했습니다. 몸을 반듯하게 하려고 허리를 세우면 자꾸만 몸이 뒤로 넘어가려 한다고 했습니다. 안 넘어지려고 허리에 힘을 주다 보면 등과 목이 너무 아프다고 했습니다. 사람들은 명상을 하면 몸과 마음이 편안해지면서 정신이 맑아지고 기분이 좋아진다는데,

자신은 몸이 너무 불편하고 고통스러워서 마음이 편안해지는 단계까지는 미처 가보지도 못했다고 했습니다. 그래도 참고 매일 조금씩 앉아 있긴 했지만 15분 이상 앉아 있지 못했다고 했습니다.

나는 그에게 옆에 있는 방석 한 장을 반으로 접어 엉덩이 밑에 끼워보라고 했습니다. 무명은 고개를 갸우뚱하더니 시키는 대로 했습니다. 나는 어떤지 물어보았습니다. 그는 무척 놀라는 표정이었습니다. 무명은 배를 쑥 내밀며 허리를 반듯하게 펴보더니 무척 편안하다고 했습니다. 이런 상태라면 1시간도 앉아 있을 수 있을 것 같다고 했습니다. 나는 싱긋이 웃으며 다음부터는 그렇게 앉으라고 했습니다.

무명은 몸을 앞뒤, 좌우로 몇 번 흔들어보더니 반듯한 자세를 취했습니다. 그렇게 앉아 있는 그의 모습은 무척 편안해 보였고 안정감 있어 보였습니다. 무명은 이렇게 간단한 것을 왜 진작 가르쳐주지 않았는지 물었습니다. 나는 잠시 그를 가만히 바라보다가 이렇게 말했습니다.

"세상 사람들은 이보다 훨씬 더 간단한 것을 몰라 지금도 고통 속에서 살아가는 경우가 많답니다."

🐘 늘 같은 장소, 같은 시각에

명상을 하려고 할 때는 먼저 장소를 잘 정해야 합니다. 불교에서는 이것을 '택처(擇處)'라고 합니다. 명상하는 장소로 산사나 선방이면 더할 나위 없이 좋겠지만 사정이 그렇지 못하다면 집에서 해도 됩니다.

다만 명상하는 동안 방해를 받지 않고 집중할 수 있는 조용하고 정갈한 방이라면 좋습니다. 그래야 한결같이 집중해 삼매(三昧 : 잡념을 버리고 한 가지에만 정신을 집중하는 경지)에 이를 수 있기 때문입니다. 그리고 명상을 이제 막 시작하는 사람이라면 늘 같은 장소에서, 같은 시각에 하는 것이 좋습니다.

장소가 정해졌으면 방석을 두껍게 깔고 앉은 다음, 허리띠를 느슨하게 하여 호흡을 편안하게 하고, 몸을 반듯하게 한 뒤 결가부좌(結跏趺坐)를 취하는 것이 좋습니다. 결가부좌란 두 발을 교차시킨 다음 좌우의 발등을 두 넓적다리 위에 놓는 것을 말합니다. 이 자세는 부처님의 좌법이라고 하는데, 부처님은 반드시 이 자세로 앉았기 때문에 결가부좌를 일컬어 불좌(佛坐) 또는 여래좌(如來坐)라고도 합니다.

명상을 할 때 가장 좋은 자세는 결가부좌이지만, 이 자세는 오래 훈련하지 않은 사람이 쉽게 취할 수 있는 자세는 아닙니다. 그러므로 결가부좌가 힘들다면 반가부좌(半跏趺坐)로 앉아도 됩니다.

반가부좌는 한쪽 다리만 다른 쪽 다리의 허벅지 위에 올리는 것을 말합니다. 결가부좌나 반가부좌 모두 앉는 모양으로서는 가장 과학적인 자세로 지구력과 집중력을 높일 수 있는 자세입니다. 실제로 결가부좌를 해 보면 온몸이 꽉 조이는 듯한 느낌이 들면서 마음이 안정되고 몸이 편안해짐을 느낄 수 있습니다.

다음으로 중요한 것이 손의 모양입니다. 손 모양은 먼저 발 모양을 따라가야 합니다. 만약 반가부좌를 할 경우 왼발이 위로 올라갔다면, 오른손을 밑에 놓고 왼손을 그 위에 포개어 가지런히 한 다음 엄지손가락이 서로 맞닿게 한 뒤 동그랗게 만들면 됩니다. 그리고 오른발이 위에 있을 때는 왼손을 밑에 놓고 오른손을 위로 한 뒤 엄지손가락이 서로 맞닿도록 하면 됩니다. 발과 손의 자세를 이와 같이 하는 이유는 기(氣)의 역리 현상을 막아 기가 순행하도록 하기 위해서입니다.

이때 한 가지 기억해야 할 것은, 위에 올리는 발을 가끔 바꿔주어야 한다는 것입니다. 만약 계속해서 왼발을 오른발 위에 올리게 되면 몸의 균형이 깨져 골반이 틀어지게 됩니다. 그렇게 되면 오래지 않아 허리와 어깨 그리고 목에 통증이 오게 됩니다. 이런 것을 막고 몸의 균형도 유지하기 위해서는 위에 올리는 다리를 가끔 바꿔주어야 합니다.

명상을 할 때는 처음에 바른 자세로 앉는 것도 중요하지만, 명상하는 도중에도 늘 자세를 살펴 바른 자세를 유지해야 합니다. 명상하는 동안 몸이 왼쪽으로 기울거나 오른쪽으로 치우치지는 않았는지, 앞으로 구부러지거나 뒤로 젖혀지지는 않았는

지, 턱이 앞으로 빠져나오지는 않았는지 살펴야 합니다. 만약 자세가 흐트러졌다면 몸을 아주 천천히 움직여 바로잡아 주어야 합니다. 이때 자세를 바로잡겠다고 몸을 급하게 움직이면 집중 상태가 깨져버리기 때문에 가능하면 천천히 최소한으로 움직이는 것이 좋습니다.

명상을 처음 하는 사람은 얼굴과 손, 어깨에 너무 힘이 들어가 경직되어 보이는 경우가 있습니다. 이럴 때는 힘을 빼고 자연스럽게 해야 합니다. 얼굴도 인상을 가득 쓰고 명상을 하는 경우가 있는데, 입은 가볍게 미소를 띠고 온화한 표정을 짓는 것이 좋습니다. 이것은 몇 번 의식적으로 노력하다 보면 금방 습관이 될 수 있습니다.

🐘 일상에서 완성되는 명상

예로부터 성공한 사람은 몸이 굽지 않고, 도를 이룬 사람은 마음이 왜곡되지 않다고 했습니다. 그 중에서도 의지가 굳고 생각이 바른 사람을 으뜸으로 삼았으니, 명상의 바른 자세는 가장 훌륭한 인격체로 성장하는 발판이기도 합니다. 그러므로 명상을 하는 사람은 늘 바른 자세에 유념해야 합니다. 바른 자세에서 바른 생각과 바른 행동, 바른 마음이 나오기 때문입니다.

길거리에서 지나는 사람들을 유심히 살펴보십시오. 그 사람의 걷는 모습이나 서 있는 모양만 봐도 그 사람이 어떤 사람인지 쉽게 알아볼 수 있습니다. 말을 함부로 하고 행동이 거친 사람치고 허리가 곧고 반듯하게 걷는 경우는 잘 없습니다. 대신 몸을 건들거리거나 잠시도 가만있지 못해 안절부절못하는 경우가 많습니다. 그런 사람에게서 좋은 말과 좋은 행동, 자비심과 이타심을 기대하기는 무척 어려울 것입니다.

명상하는 동안 가졌던 바른 자세와 깊은 선정력은 일상생활에서도 잘 유지할 수 있어야 합니다. 명상의 완성은 명상을 한다고 앉은 그 자리에서 이루어지는 것이 아니라 삶을 통해 생활에서 이루어지기 때문입니다. 그러므로 명상을 할 때만 선정에 들었다가, 명상을 끝내고 일상으로 돌아와서는 보통 때와 똑같이 생각하고 행동한다면 그런 명상은 하나 마나라고 할 수 있습니다.

명상을 끝내고 일상으로 돌아온 뒤에도 행하고, 머물고, 앉고, 눕고, 말하고, 침묵하고, 움직이고, 고요히 있는 것이 명상할 때와 다르지 않아야 합니다. 명상과 일상생활이 둘이 아니라 하나가 될 때에야 비로소 득력(得力)했다고 할 수 있습니다.

나는 무명에게 하루에 15분씩, 정해진 시각에, 정해진 장소에서 명상을 하라고 했습니다. 그리고 가능하면 아침에 일어나자마자 하는 것이 좋다고 했습니다. 무명은 큰 가르침을 얻은 것 같은 얼굴을 하고는 돌아갔습니다. 그렇게 우리의 두 번째 만남이 마무리되었습니다.

내 마음
들여다보기

다시 1주일이 지났습니다. 나는 무명에게 작은 변화가 있을 것이라는 기대를 했습니다. 하루에 15분씩만 명상을 하라고 했지만 기본적으로 바로 앉는 방법을 알게 된 그가 제법 오래 앉아 있었을 것이라는 생각이 들었기 때문입니다. 오래 앉아 있다 보면 작은 변화라도 생기기 마련입니다.

무명은 1주일 전보다 훨씬 밝은 얼굴로 나타나서는 30분을 앉아 있은 적도 있다고 했습니다. 엉덩이 쪽에 끼워 넣은 방석의 높이를 적당히 조절해가면서 가장 편안한 자세를 찾았더니 제법 오래 앉아 있어도 다리가 아프지 않았다고 했습니다.

나는 무명에게 처음으로 30분이나 앉아 명상을 했던 그날 무슨 생각이 들었는지 물어보았습니다. 그는 나와 처음 만났던 날 이야기했던 삼거리 사건이 떠올랐다고 했습니다. 떠올리려고 한 것은 아닌데 자꾸 그 생각이 떠올랐다고 했습니다.

그 생각이 떠올랐을 때 어떤 느낌이 들었는지 물어보았습니다. 무명은 처음에는 화가 치밀어 올랐는데, 시간이 지나자 스스로 부끄러움이 밀려오더라고 했습니다. 부끄러움이 밀려오는 순간 그 사건을 떠올리는 것 자체가 힘들었다고 했습니다. 그런데 이상하게도 그 생각과 정면으로 마주할 수 있었다고 했습니다. 그러고는 도대체 무엇이 문제였는지 곰곰이 분석해보았다고 했습니다.

그 작업을 하면서 무명은 한 가지 흥미로운 사실을 발견했다고 했습니다. 그 사건에 대한 기억이 너무나 좋지 않았기 때문에 그 사건 이후 그와 비슷한 상황만 봐도 그때의 기억이 되살아나면서 심장이 두근거리고, 마치 지금 당장 그 사건이 눈앞에서 다시 벌어진 것처럼 화가 치밀어 오르는 일이 많았는데, 명상 상태에서 그 사건과 정면으로 마주하자 전혀 그런 반응이 일어나지 않더라고 했습니다. 대신 그저 제3자의

눈으로 그 사건을 객관적으로 바라보는 듯한 느낌을 받
았다고 했습니다. 그러다 보니 자신이 어떤 행동을 했고, 그
때 어떤 느낌이었는지, 나아가 왜 그렇게 행동했을까, 하는 반
성도 일어났다며 무척 흥미로운 경험이었다고 했습니다.

그때 나는 왜 그렇게 화가 났던 것일까?

그 사람의 행동이 너무나 위험했기 때문에?

그래서 정말로 사고가 났는가? 사고는 나지는 않았다.

그렇다면 거의 사고가 날 뻔했는가?

그 정도는 아니었던 것 같다.

사고도 나지 않았고, 사고가 날 뻔한 것도 아닌데

나는 왜 그렇게 분노했던 것일까?

무엇 때문에 그 사람은 삼거리에서 갑자기 튀어 나왔을까?

혹시 그 사람이 날 화나게 하려고 가만히 있다가 일부러 튀어

나왔던 것일까?

나를 알지도 못하는 사람이었으니 그런 짓을 할 이유는 없다.

그렇다면 왜 갑자기 튀어 나왔을까?

내 차를 보지 못했던 것일까?

아니면 내 차를 봤지만

진입해도 될 정도로 거리가 충분하다고 생각했을까?

그 사람이 이전에도 나에게 잘못한 적이 있는가?

나는 그 사람이 누군지도 모른다.

그렇다면 그 사람은 태어나 처음으로 내게 잘못한 셈이다.

내 차를 보지 못한 잘못,

아니면 진입해도 괜찮을 거라고 판단한 잘못.

비록 그렇다 하더라도 그 때문에 사고가 난 것도 아니다.

사고가 날 뻔할 정도로 심각한 상황이 벌어진 것도 아니다.

그런데 나는 왜 그렇게 화를 내고 욕까지 했을까?

그 사람이 한 잘못이 그렇게 심각한 것이었을까?

그저 가볍게 경적만 한 번 울려주는 정도로 끝냈으면 되는 것

아니었을까?

만약 그렇게 했더라면 분노가 폭발하지는 않았을 것이다.

아무 일도 벌어지지 않았을 것이고

나는 목적지까지 더 빨리, 더 편하게, 더 평화롭고 행복하게

갔을 것이다.

그런데 여러 번 경적을 울리고 상향등을 번쩍거렸다.

게다가 창문을 내려 심한 욕까지 했다.

사소한 일에 나는 왜 그토록 큰 분노를 느꼈을까?

그렇게 해서 내가 얻은 것이 무엇이지?

나는 무명에게 자신의 마음을 자세히 들여다보게 된 것을 축하해 주었습니다. 결코 쉽지 않은 일임을 잘 알기 때문이었습니다. 자신의 마음을 들여다볼 수 있게 된 그는 이제 자신의 마음을 다스릴 수 있는 가능성에 한 발짝 더 가까이 다가간 셈이었습니다.

나는 무명에게 작은 집중표 한 장을 건넸습니다. 검은 동그라미 안에 하얀 동그라미가 있는 것이었습니다. 명상을 할 때 이 집중표를 눈 앞 적당한 곳에 놓고 시선을 하얀 동그라미 안

에 고정시켜 보라고 했습니다.

그제야 무명은 지난 1주일 동안 명상을 하면서 시선을 어디에 두어야 할지 몰라 힘들었다고 했습니다. 그냥 앉은 자리에서 눈이 가는 곳을 쳐다보았더니 계속 시선이 움직이고, 그러다 보니 생각도 흩어지고 집중이 잘 되지 않았다고 했습니다. 무명은 내가 준 집중표를 무슨 귀한 보물이라도 되는 듯 가슴에 품고 돌아갔습니다.

🐘 한 점에 시선과 마음을 가두다

원래 사찰의 선방에서는 자세를 잡고 앉은 뒤 편안하게 눈이 가는 곳에 마음으로 작은 점을 찍습니다. 그리고 시선을 그 점 안에 가둡니다. 눈에 보이지도 않는 점 안에 시선을 고정시키고 그 안에 마음을 가두는 것은 여간 어려운 일이 아닙니다. 하지만 하루 이틀, 한 달 두 달, 1년 2년을 하다 보면 마침내 마룻바닥에 작은 점이 찍히고, 그 점 안에 시선을 머

물게 할 수 있습니다. 그리고 마음도 그 점 안에 잡아둘 수 있습니다.

물론 이런 경지에 이르려면 시선을 한곳에 고정시키는 훈련을 오랫동안 꾸준히 해야 합니다. 따라서 이제 막 명상을 시작한 무명이 그렇게 할 수는 없을 것입니다. 내가 무명에게 하얀 동그라미가 그려진 집중표를 주고 그 동그라미 안에 시선을 고정시키도록 한 것도 그 때문입니다.

명상을 하는 사람들 가운데는 눈을 감기도 하는데, 절대 눈을 감아서는 안 됩니다. 눈을 감으면 곧바로 졸음이 오고, 온갖 잡념에 빠지고 맙니다. 처음에는 눈을 감아야 집중이 잘 되고, 눈을 뜨면 산만하고 집중이 안 되는 것처럼 느껴집니다. 하지만 그것은 일시적입니다. 눈을 감은 상태에서는 결코 깊은 집중에 들어갈 수 없습니다.

집중표는 명상 자세를 하고 앉은 다음, 팔을 앞으로 최대한 뻗은 지점에서 약 10센티미터 더 떨어진 곳에 두는 것이 가장 효과적입니다. 물론 이때 엉덩이가 바닥에서 떨어져서는 안 됩니다.

명상은 관념적으로 보고 생각하는 것이 아니라, 강한 집중 상태에서 응시하여 사물의 실체를 투과(透過)하는 것입니다. 그러므로 명상하는 사람은 반드시 이 방법으로 응시하는 것을 가장 중요한 수칙으로 삼아야 합니다. 눈앞이 밝으면 사물을 잘 응시하게 되고, 눈앞이 어두우면 공상 속에서 번뇌, 망상을 벗어날 수가 없습니다. 관념적으로 유추하여 사유하는 모든 의식은 번뇌, 망상이기 때문입니다.

명상을 할 때 잡념에 빠지게 되면 가장 먼저 시선이 흩어집니다. 시선이 한곳에 집중된 상태에서는 결코 잡념에 빠지지 않습니다. 만약 시선이 잘 고정된 상태에서 생각을 하게 되면 한 가지 생각을 깊게 하는 것이 가능해집니다. 이를 우리는 '사유한다'라고 합니다. 하지만 시선이 흩어진 상태에서는 결코 깊은 사유를 할 수 없습니다. 그만큼 시선을 한곳에 집중하는 것은 너무나 중요합니다.

명상을 처음 해 보는 무명은 나의 설명을 무척 어렵게 생각했습니다. 당연히 그럴 것입니다. 한 번도 해 보지 않은 것이기 때문입니다. 하지만 명상은 이해하고 이해하지 못하고는 그리 중요하지 않습니다. 중요한 것은 직접 앉아 해 보는 것입니다. 하다 보면 이해되지 않던 많은 것들이 이해가 갑니다.

나는 무명에게 다른 것은 다 잊어도 좋지만 시선을 한 곳에 고정시키고, 시선이 고정된 그곳에 마음을 고정시킨다는 사실만은 잊지 말 것을 당부했습니다.

그리고 또 한 가지, 반드시 하루 15분만 명상을 하라고 했습니다. 더 하고 싶은 마음이 생겨도 시계를 맞춰 놓고 15분만 하라고 했습니다. 15분 명상을 3개월 하고 난 뒤, 그 다음부터 1개월에 5분씩 늘려 최종적으로 50분 명상을 하는 것을 목표로 삼으라고 했습니다.

내 안의
보물찾기

다시 1주일이 지났습니다. 무명은 조금 들뜬 얼굴로 나타났습니다. 처음 만났을 때 보이던 무표정한 모습은 많이 사라지고 조금씩 표정이 살아나고 있었습니다.

무명은 지난 1주일이 참으로 행복하고 좋았다고 했습니다. 그러면서 자신이 그렇게 집중력이 강한지 처음 알았다며 어색한 미소를 살짝 지었습니다. 그가 그렇게 밝은 표정을 짓는 것은 처음이었습니다.

지난 1주일 동안 무명은 아주 열심히 명상을 했다고 했습니다. 반가부좌 자세를 한 뒤 몸에서 약 80센티미터 떨어진 곳에 집중표를 놓고, 집중표의 하얀 동그라미를 보고 있으면 그렇게 편안할 수가 없다고 했습니다. 하얀 동그라미를 보고 있으면 동그라미가 마치 살아 있는 듯 움직이기도 하고, 연꽃이 피는 듯한 모습이 보이기도 하고, 조금씩 밝아지다가 어느 순간 하얗게 빛이 났다고 했습니다. 그러다가 천천히 눈앞이 캄캄해지면서 집중표만 하얗게 빛나는 경우도 있다고 했습니다. 그 상태가 되면 마치 몸이 공중에 떠 있는 것처럼 가볍고, 마음은 이해할 수 없는 행복감이 밀려와 그렇게 기분이 좋을 수 없었다고 했습니다.

나는 그가 경험한 것들이 아주 강한 집중 상태에서 나타날 수 있는 현상이라고 말해준 뒤, 그렇게 집중할 수 있게 된 것을 축하한다고 말해주었습니다. 그는 무척 행복한 표정을 지었고 마치 세상의 모든 행복을 누리는 듯한 얼굴로 돌아갔습니다.

🐘 몰입하고 몰입하기

불가에서는 명상을 참선(參禪) 또는 선정(禪定)이라고 합니다. 고요히 사유하는 것을 선(禪)이라 한다면, 정(定)은 삼매(三昧)를 가리키는데, 마음이 한 가지 대상에 집중하여 통일된 상태, 곧 몰입 상태를 뜻합니다. 그러므로 한 가지를 깊이 사유하고 사유해 더 이상 사유할 수 없는 경지에 이르러 시간과 공간이 끊어진 상태, 곧 절대적인 몰입 상태가 되면 이를 선정(禪定)이라 하고, 선정(禪定)에 들고자 힘쓰는 것을 명상이라 합니다.

이처럼 명상이란 간절한 마음으로 사무쳐서 의구심을 품고, 의문이 사무쳐서 몰입하고 몰입해 무아(無我)의 경지가 되고, 무아(無我)의 경지에서 더욱 더 몰입하여 의문이 깨져 부서질 때까지 몰입 상태를 유지하는 것을 말합니다. 한마디로 강한 집중 상태에서 나를 잊어버릴 정도로 한 대상에 몰입하고 몰입하는 것을 말합니다.

한 가지 대상에 집중하는 몰입이 왜 필요한지는 따로 말할 필요가 없습니다. 인간 세계의 문명은 모두 몰입하여 연구해서 얻어낸 결과이며, 철학적 사고와 종교적 사상 또한 몰입으로부터 나왔다고 해도 지나친 말이 아닙니다. 둥근 물체가 굴러가는 것을 보고 수레를 만들고, 속이 빈 나무쪽이 물에 떠내려가는 것을 보고 배를 만들고, 거미줄을 보고 그물을 만들고, 새의 발자국을 보고 글자를 만들었습니다.

이런 현상은 현대에 들어와서도 마찬가지입니다. 사람의 눈을 본떠 사진기를 만들고, 뇌를 본떠 컴퓨터를 만들었습니다. 이처럼 모든 문명과 문화는 관찰과 살핌에서 비롯되었습니다. 그런데 관찰하고 살핀 사람은 수없이 많지만 모두가 사진기를 만들고 컴퓨터를 만든 것은 아닙니다. 큰 호기심과 의문을 가지고 깊이 관찰하고 깊이 몰입한 사람만이 그러한 일을 해낼 수 있었습니다.

명상이란 사물에 대한 깊은 통찰력을 기르고, 자기 자신의 내면세계를 깊이 있게 들여다보는 과정입니다. 그 과정을 통해 참된 자신을 만날 수 있고, 그 결과 자신의 마음을 다스릴 수 있는 힘을 얻게 됩니다.

결국 명상이란 집중을 통해 새로운 자신을 발견하고 자기 정화를 모색할 뿐만 아니라, 새로운 차원의 자기 발견을 통해 자신의 한계를 극복하는 것이라 할 수 있습니다. 이러한 명상은 지식으로 이해될 수 있는 것이 아니라 몸으로 익혀야 하는 실천적 가르침입니다.

🐘 덜어내고 덜어내기

세상의 지식은 하나씩 보태는 것입니다. 본 것, 들은 것, 배운 것, 느낀 것을 하나씩 자기 안에 보태는 것입니다. 많이 알고 많이 배운 이를 박학다식하다고 하며, 일평생 학문 연구에 매진해 높은 수준의 지성과 폭넓은 교양을 갖춘 사람을 두고 우리는 지식인이라고 합니다. 세상을 살기 위해서는 지식이 많이 필요합니다. 그래서 사람들은 어릴 때부터 지식을 자기 안에 쌓고자 부단히 노력합니다.

하지만 지식을 하나씩 쌓다 보면 참된 자기 자신을 찾기는 점점 어려워집니다. 어느 것이 자기 자신이고, 어느 것이 덧보태진 지식인지 경계가 모호해지기 때문입니다.

명상은 세상의 지식처럼 하나씩 보태는 것이 아니라 하나씩 덜어내는 것입니다. 탐진치(貪瞋癡 : 탐욕貪慾과 진애瞋恚와 우치愚癡를 말하는 것으로, 욕심과 성냄, 어리석음이라 쉽게 말할 수 있습니다) 를 덜어내고, 관념을 덜어내고, 평생 내 안에 쌓아놓았던 지식을 덜어내고, 본 것을 덜어내고, 들은 것을 덜어내고, 마지막에 가서는 수행해서 얻은 경지까지도 덜어내는 것이 진정한 명상의 세계입니다. 그 결과 남는 것은 참된 자기 자신이 됩니다.

명상은 이처럼 참된 자기 자신에게로 돌아가는 작업이기도 합니다. 관념을 버리고, 관습적 틀을 버리고, 지식을 버리고, 고집을 버리고, 버리고 버려 더 버릴 것이 없을 때 본래의 자기에게 돌아갈 수 있습니다. 그리하여 버린다는 생각까지도 버린 상태야말로 명상의 궁극적인 도달처입니다. 그곳에서 온갖 이기심이 사라져 마침내 나와 타인의 경계까지 사라진 바로 그런 참된 자신을 만나게 되는 것입니다.

참된 자기 자신은 내면의 보물입니다. 따라서 명상은 자기 내면의 보물을 찾아가는 것이기도 합니다. 그리하여 자신이 이미 완전한 존재임을 깨닫는 것입니다.

만남 중에서 최고의 만남은 참된 자신과의 만남입니다. 참된 나를 발견한 사람은 고통 가운데 있으면서도 고통이 없고, 원망 가운데 있으면서도 원망이 없으며, 탐욕 가운데 있으면서도 탐욕이 없고, 성냄 가운데 있으면서도 성냄이 없습니다.

무명은 명상 도중 몸이 가벼워지면서 까닭 모를 행복감을 느꼈다고 했습니다. 가만히 앉아 명상에 빠져 있던 그가 행복감을 느꼈다면, 도대체 그 행복은 어디에서 온 것일까요? 누가 그에게 행복을 주고 간 것일까요?

사람들은 행복하게 살기 위해 끊임없이 바깥에서 무언가를 찾지만 참된 행복은 자기 자신 안에 있습니다. 무명은 그것을 아주 조금 맛보았던 것입니다. 명상은 자기 내면에 있는 보물을 찾아가는 여행이고, 그 보물이 바로 행복이기 때문입니다.

시선이 머문 곳에
생각 가두기

행복한 미소를 지으며 돌아갔던
무명은 1주일 뒤 조금 우울한 표정을 한 채 나타났습니다. 나는
그가 왜 그런 표정을 짓고 있는지 잘 알고 있었습니다.

1주일 전 나는 그에게 명상 시간이 하루 15분을 넘지 않도록
했습니다. 15분은 짧은 듯 짧지 않고, 긴 듯하면서도 길지 않은
시간입니다.

날마다 하루 15분 명상을 하다 보면 몸과 마음이 편안해지는
순간이 옵니다. 그때가 되면 누구라도 명상이 즐겁고 명상 시간
이 기다려지기도 합니다. 하지만 그런 상태에서 계속 명상을 하
다보면 한 차례 어려움에 부딪히게 됩니다. 무명은 바로 그 과
정을 겪고 있는 것이었습니다.

무명은 명상을 하다 보면 집중이 되는 듯하다가 어느새 딴
생각을 하고 있는 자신을 발견한 적이 여러 번 있다고 했습니

다. 자리를 잡고 앉아 시선을 집중표의 하얀 동그라미에 모으다 보면 금방 동그라미에서 빛이 나기 시작하면서 강한 집중 상태에 빠지는 것까지는 좋은데, 그 집중 상태를 계속 유지하는 것이 쉽지 않다고 했습니다. 온갖 잡념이 순식간에 침범해 들어온다고 했습니다. 어떤 날은 잡념이 꼬리에 꼬리를 물고 일어나 15분 내내 딴생각만 하다가 끝낸 날도 있다고 했습니다.

나는 그가 무엇을 고민하고 있는지 잘 알 수 있었습니다. 명상이 일상화되면 그만큼 잡념에 빠져들 위험도 많아지기 때문입니다. 나는 그에게 명상을 할 때 잡생각이 일어나는 것은 너무나 당연한 일이니 크게 걱정할 필요가 없다고 말해주었습니다.

🐘 잡념 알아차리기

명상을 하면 깊은 호흡을 하게 됩니다. 당연히 평소보다 더 많은 산소가 몸속으로 들어갑니다. 그런데 몸은 가만히 앉아 있기 때문에 몸의 산소 소비량은 오히려 줄어듭니다. 산소 소비량은 줄고, 산소 유입량은 늘게 되면 그만큼 몸속에는 여분의 산소가 많아지게 됩니다.

숨을 쉬면 산소는 폐를 통해 혈액 속으로 녹아들어 갑니다. 산소를 잔뜩 품은 혈액은 혈관을 통해 온몸 구석구석까지 산소를 실어 나릅니다. 몸속에 여분의 산소가 많이 생기면 그 산소가 가장 먼저 가는 곳은 어디일까요? 바로 우리의 뇌입니다. 뇌는 우리 몸의 산소 가운데 약 20%를 사용합니다. 뇌가 전체 몸무게에서 차지하는 비율이 2% 정도 된다는 것을 감안하면 얼마나 많은 산소를 소모하는지 짐작할 수 있을 것입니다.

명상을 하게 되면 빠르게 늘어나는 여분의 산소가 혈액을 타고 뇌 속으로 들어가게 되고, 풍부해진 산소로 인해 평소 기능을 하지 않던 뇌의 여러 부분들이 깨어나게 됩니다. 이것을 의학적으로 '활성화된다'고 말합니다. 다시 말해, 명상을 하게 되면 평소에는 활성화되지 않아 기능을 하지 않던 뇌의 여러 부분들이 깨어난다는 뜻입니다.

뇌가 활성화된다는 것은 활발하게 사고 활동을 하기 시작한다는 것과 똑같은 뜻입니다. 곧 생각을 한다는 것입니다. 명상을 한다고 자리에 앉았는데 평소보다 더 많은 잡념이 떠오르고 시간이 지날수록 더 많은 잡념이 더 집요하게 파고드는 것은 바로 이 때문입니다. 따라서 명상 도중 주체할 수 없을 정도로 수많은 잡념이 떠오르면 '나의 뇌 기능이 활발해지고 있구나'라고 생각하면 됩니다.

잡념이 일어나는 것을 두려워해서는 안 됩니다. 옛 선인들도 잡념을 두려워할 것이 아니라, 깨달음이 더딘 것을 걱정해야 한다고 했습니다.

생각은 일어나게 마련입니다. 다만 일어난 생각을 곧바로 알아차리느냐, 알아차리지 못하느냐가 중요합니다. 일어난 생각을 곧바로 알아차리면 그 생각은 곧 사라지게 되어 있습니다. 물론 또 다른 생각이 일어나는 것도 사실입니다. 따라서 생각이 일어나는 것 자체를 문제 삼을 것이 아니라, 다만 일어나는 생각이 이어지지 않도록 하고, 잡념을 좇

©신새벽

아가지 않도록 깨어 있는 것이 중요합니다.

잡념을 이겨내는 방법은 아주 간단합니다. 한 가지 잡념이 떠오르면 '아, 내가 잡념을 하고 있구나'라고 깨닫고 얼른 그 잡념에서 빠져나오면 됩니다.

예컨대 명상을 하는데 전날 이웃과 다퉜던 기억이 떠오른다면 '아, 이웃과 다툰 생각이 나는구나'라고 생각하고 얼른 그 생각에서 빠져나오면 됩니다. 그리고 다시 집중표의 동그라미에 시선과 생각을 가두어야 합니다. 그러다가 잠시 후 이번에는 전날 먹었던 맛있는 생선회가 생각날 수 있습니다. 그러면 '아, 어제 먹은 생선회가 생각나는구나'라고 알아차리고 거기서 곧바로 생각을 멈춰야 합니다.

문제는 떠오르는 잡념이 아니라 그러한 생각에 붙잡혀 들어가는 것입니다. 이웃과 다퉜던 생각이 나는 순간 곧바로 생각을 멈춰야 하는데 '옆집 아저씨가 이유 없이 시비를 거는 바람에… 괜히 아침부터 기분이 안 좋았잖아… 아냐, 그냥 내가 참았어야 하는 거였어…' 하면서 계속 생각에 꼬리를 물고 빠져 들어가면 집중은 흩어져버리고 명상은 큰 방해를 받게 됩니다.

🐘 잡념을 일념으로 바꾸기

무명이 힘들어한 것은 자기도 모르게 잡념 속으로 계속 끌려 들어갔기 때문입니다. 이처럼 명상 초보자들은 곧잘 잡념에 끌려 들어가곤 하는데, 그 이유는 잡념에 이끌려 들어갈 때 편안함을 느끼기 때문입니다.

집중표의 동그라미에 시선을 고정시키고, 생각과 모든 의식을 동그라미 안에 가둔 상황에서 강한 집중 상태를 유지하기 위해서는 에너지가 필요합니다. 동그라미 밖으로 나가려고 하는 시선과 동그라미 밖으로 나가려고 하는 정신을 잡아두어야 하기 때문입니다.

그것은 엄밀한 의미에서 한 가지 생각(시선과 생각을 동그라미 속에 묶어두어야 한다는 바로 그 생각)에 몰입하고 있는 것으로, 한 가지 생각을 깊이 있게 하고 있는 사유의 순간이기도 합니다.

깊은 사유를 하기 위해서는 당연히 에너지가 필요합니다. 이것은 마치 물살이 센 강물에서 일정한 방향으로 노를 저어가는 것과 마찬가지이기 때문입니다. 하지만 잡념은 그때그때 떠오르는 생각에 끌려가는 것이므로 흐르는 물에 배를 맡기고 그저 떠 있는 것과 같습니다. 당연히 에너지가 필요 없고 아주 편안함을 느끼게 됩니다. 자기도 모르는 사이 잡념에 빠져 있다가 명상을 끝내는 경우가 생기는 것은 이 때문입니다.

나는 무명에게 떠오르는 잡념을 문제 삼지도 말고, 잡념 없기를 바라지도 말라고 했습니다. 본래 잡념으로 사는 것이 사람이기 때문입니다. 다만 잡념을 한군데로 모아 일념(一念)으로 바꾸는 것이 중요하다고 했습니다. 일념을 갖기까지 잡념과 싸우는 것은 너무나 당연한 일입니다. 그것이 바로 명상이기 때문입니다.

중요한 것은 잡념을 있는 그대로 받아들이되 그 순간

©신새벽

멈추어 잡념을 자연스럽게 흘려보내는 것입니다. 이 훈련을 하기 위한 좋은 방법 가운데 하나가 명상을 하면서 숫자를 헤아리는 것입니다.

이것을 불교에서는 수식관(數息觀)이라 합니다. 나는 무명에게 숨을 한 번 들이마시고 내쉬는 것을 하나로 해서 서른부터 거꾸로 하나까지 내려가라는 과제를 주었습니다. 천천히 호흡하면 미처 하나까지 내려가기 전에 15분이 지날 것이고, 호흡이 얇고 빠르면 하나까지 내려갔다가 15분이 될 때까지 다시 위로 올라가라고 했습니다. 숫자를 헤아리면서 호흡을 하면 잡념이 들더라도 금방 빠져나올 수 있고, 호흡에 더 집중할 수 있다고 했습니다.

그리고 한 가지 더 과제를 주었습니다. 명상을 끝내고 나면 명상 도중에 느꼈던 몸과 마음의 변화를 간단히 기록하게 했습니다. 그렇게 해서 우리의 다섯 번째 만남은 마무리 되었습니다.

| 여섯 번째 만남 |

생각
흘려보내기

1주일 만에 다시 만난 무명의 얼굴 표정은 무척 밝았습니다. 자신감도 넘쳐 보였습니다. 숫자를 헤아리며 호흡을 하자 확실히 잡념이 줄고 집중은 더 잘 되었다고 했습니다. 호흡에 집중하지 않으면 숫자를 잊거나 틀렸기 때문에 금방 다시 집중할 수 있었다고 했습니다.

　　호흡에 집중해 천천히 숨을 쉬면 미처 서른을 다 헤아리기 전에 15분이 지났고, 호흡이 얕은 날은 하나까지 내려갔다가 다시 위로 올라가다보면 알람이 울렸다고 했습니다.

　　무명은 1주일 동안 명상 일지도 기록했다고 했습니다. 명상이 끝나면 앉은 자리에서 그날의 느낌을 간단히 적었다고 했습니다. 몸은 편안했는지, 호흡은 느리고 깊었는지, 어딘가 불편한 곳이 있었다면 그런 것도 세세히 기록했다고 했습니다. 또

명상 도중 떠올랐던 다양한 생각들도 기록했다고 했습니다.

숫자를 헤아리면서 호흡을 하고, 명상이 끝난 뒤 간단한 느낌을 기록하고부터 잡념에 빠져드는 횟수는 적어지고, 잡념에 빠지더라도 금방 다시 호흡에 집중할 수 있었다고 했습니다.

더 재미난 것은 명상 때 했던 그런 훈련이 실생활에서 무척 도움이 되었다고 했습니다. 분노 조절이 잘 되지 않았던 그에게는 너무나 쓸모 있는 훈련이었다고 했습니다.

🐘 생각 멈추기

분노 조절이 잘 되지 않는 무명으로서는 기분이 좋지 않은 상황에 처하면 얼른 그 상황에서 벗어나야 하는데, 반대로 그 상황에 계속 이끌려 들어가는 경향이 강했습니다.

예컨대 누군가 불친절하게 대하기라도 하면 '저 사람이 왜

저럴까?', '내가 뭘 잘못했기 때문에 저러는 거지?', '내가 그렇게 만만하게 보이나?', '나를 무시해서 그런 걸 거야' 등 계속해서 생각이 꼬리에 꼬리를 물고 일어나 괜히 혼자 기분 나빠 했습니다. 그리고 그런 상황이 되풀이되면 특별한 이유 없이 신경질적이 되고 심하면 화를 내기도 했습니다.

그런데 명상을 하면서 떠오르는 잡념들을 흘려보내는 훈련을 하고부터는 그런 상황이 생겨도 그냥 흘려보내고 더 이상 그 생각에 머물지 않을 수 있었다고 합니다.

누군가 그에게 불친절하게 대해도 '이 사람이 좀 불친절하구나'라고 생각하고 그 이상 생각을 발전시키지 않게 되었던 것입니다. 거기서 조금 더 생각을 발전시킨다고 해도 '이 사람이 오늘 뭔가 기분 나쁜 일이 있었나 보구나'라고 생각하는 정도에서 멈춘다는 것이었습니다. 그러다 보니 누군가 그에게 기분 나쁘게 대해도 금방 그 상황에서 벗어날 수 있었다고 합니다.

무명은 실생활에서 겪었던 그런 경험들도 빼곡히 적어놓았는데, 예전에는 지하철 안에서 누군가 예의 없이 큰 소리로 전화만 해도 기분이 나빠지면서 스트레스를 받았다고 합니다. 하지만 생각 흘려보내기 훈련을 하고부터는 '저 사람은 목소리가 좀 크구나' 하는 선에서 생각을 멈출 수 있게 되었다고 했습니다.

그렇게 생각을 멈추고 나자 큰 소리로 통화하는 것이 듣기 거슬리기는 해도 그 때문에 화가 나서 자신의 감정까지 다치게 되지는 않았다고 했습니다. 그 글을 읽으며 나는 무명이 좀 더 자신의 내면에 가까이 다가가고 있다는 것을 알 수 있었습니다.

🐘 마음의 평화 유지하기

그동안 무명에게 일어난 몇 가지 변화들을 들은 뒤 나는 그러한 변화들이 어떻게 해서 일어나게 되었다고 생각하는지 그에게 물어보았습니다. 무명은 잠시 생각하더니 "내가 변해서 그런 것 같다"고 했습니다. 아주 자신감 있는 목소리였습니다.

나는 그렇다고 했습니다. 그러한 변화를 무명에게 준 사람은 아무도 없다고 했습니다. 변화는 이미 무명 자신 속에 있었고,

단지 그 변화가 명상을 통해 발현되었을 뿐이라고 말해주었습니다. 명상은 자기 내면의 보물을 찾는 것이고, 보물은 이미 자기 안에 있었으니, 무명이 그렇게 갖고 싶어 했던 보물, 곧 분노 조절의 힘은 무명 안에서 이미 조금씩 발현되고 있는 중인 것 같다고 말했습니다.

A라는 사람이 길을 걸어가는데 누군가 발을 밟았습니다. 그런데도 A는 연신 싱글거리며 "괜찮습니다"라고 이야기했습니다. B라는 사람도 길을 가다가 발을 밟혔습니다. B의 발을 밟은 사람은 연신 미안하다며 머리를 조아렸습니다. 그런데도 B는 마치 그 사람을 죽일 듯이 쏘아보며 씩씩거렸습니다.

A는 오랫동안 준비해서 보았던 시험에 합격해 그 사실을 가족들에게 알리러 가는 길이었고, B는 바로 그 시험에 떨어져 다시 공부를 하기 위해 고시원으로 향하던 중이었습니다. 발을 밟힌 것은 똑같은 물리적 현상이지만 그 현상에 대해 반응하는 것은 각자의 마음 상태에 따라 이렇게 달라집니다.

사람들은 흔히 누군가 나를 '화나게 했다'고 쉽게 말하

지만 세상에 '화나게 할 만한 일'이란 처음부터 존재하지 않습니다. 내 마음이 어지럽다면 지하철 안에서 누군가 툭 치고 지나가기만 해도 화가 나고, 심지어 자신과 달리 밝고 행복하게 웃는 사람만 봐도 화가 치민 나머지 그 사람에게 칼을 휘두를 수도 있습니다(최근 이와 비슷한 비극적 사건이 실제로 벌어지기도 했습니다). 반면 내 마음이 평화롭다면 복잡한 지하철 안에서 누군가가 뒤통수를 쳐도 웃고 넘어갈 수 있습니다. 이것이 사람입니다.

나는 무명이 생각을 흘려보낼 수 있게 된 것을 축하한다고 말하며 여섯 번째 만남을 마무리했습니다. 마무리하기 전, 나는 그에게 생활선 과제를 하나 주었습니다. 그것은 자신의 눈앞에 펼쳐지는 모든 사건이나 사실에 대해 일체 판단을 하지 말고 있는 그대로 바라보라는 것이었습니다.

일체 선악을
판단하지 않기

생각 흘려보내기를 하고부터 무명은 화를 내는 것으로부터 많이 자유로워졌다고 했습니다. 화가 나려고 할 때 얼른 그 생각에서 벗어나거나, 생각을 더 이상 확장시키지 않으면 화가 나지 않는다는 것을 여러 번 경험했던 것입니다.

하지만 불쾌한 생각에서 얼른 벗어나거나 그 생각을 더 이상 확장시키지 않는 것이 늘 자신의 의지로 완전히 다스릴 수 있는 것은 아니었습니다. 자신의 의지와 상관없이 불쾌한 생각에서 벗어나지 못하는 경우도 있었고, 불쾌한 생각이 걷잡을 수 없이 확장되는 경우도 있었기 때문입니다.

그럴 때면 무명은 어김없이 화가 났고, 그 대상이 만만한 경우 겉으로 화를 표현하고 말았습니다. 자신의 의지와 상관없이 분노 조절 장치가 망가지고 말았던 것입니다. 그즈음에서야 무명은 '판단하지 말라'는 생활선 과제가 떠올랐다고 했습니다.

🐘 있는 그대로 바라보기

명상을 할 때 가장 힘들게 하는 것 가운데 하나가 망념(妄念)입니다. 망념을 다스릴 줄 알면 명상을 할 줄 안다고 말할 수 있을 정도로 망념을 다스리는 것은 중요합니다.

망념이란 선과 악, 좋고 그름, 미워하고 좋아함 등과 같이 끊임없이 판단하는 것을 말합니다. 명상에서는 이를 '분별심'이라 하는데, 쉽게 말하면 '판단하는 마음'이라 할 수 있습니다.

생각이 일어나는 것은 자연스러운 일이지만 그 생각을 발전시키고 그 생각을 이어나갈 때 끼어드는 것이 분별심입니다. 선과 악, 좋아하고 싫어하는 따위의 마음으로 자신의 주관적인 판단을 발전시키고, 그 판단을 계속 이어나가는 것을 말합니다.

주관적인 판단이 이어지고 발전될 때 그것은 긍정적인 방향이 될 가능성보다는 부정적인 방향으로 발전하고 이어질 가능성이 훨씬 큽니다. 그러므로 끊임없이 판단하는 것이 좋은 결론을 낼 리는 절대 없습니다.

명상을 하는 사람을 두고 '반야(般若)를 배우는 보살'이라고 합니다. 이때 '반야'란 산스크리트어 'Prajna'의 음역(音譯)으로 보통 '지혜'라고 번역하는데, '모든 사물의 도리를 분명히 꿰뚫어 보는 지혜'를 말합니다. 그 어떤 판단도 하지 않고 오직 사물을 있는 그대로 보는 것으로 '무분별지(無分別智)'라고도 합니다. 명상을 통해 사물을 바라보는 우리의 시각이 어떠해야 하는지 잘 알려주는 말이라 할 수 있습니다.

무릇 무엇이든 본래부터 선과 악, 좋은 것과 나쁜 것, 미워하고 좋아함이 있었던 것은 아닙니다. 그저 자신의 시각에 따라 좋은 것도 있고 나쁜 것도 있을 뿐입니다. 옛 선사들이 명상을 할 때 '일체 선악을 생각하지 말라'고 했던 것도 바로 이 때문입니다.

🐘 판단이란 자신의 이해타산에 대한 집착

식당에 밥을 먹으러 갔습니다. 그런데 음식을 준비해주던 종업원이 조심하지 않는 바람에 김치 그릇을 쏟고 말았습니다. 그때문에 옷이 조금 더럽혀지고 말았습니다. 이때 '종업원이 조심하지 않아 실수를 했구나' 하는 것은 망념이 아닙니다. 자연스럽게 일어날 수 있는 생각이기 때문입니다.

그런데 '조심하지 못해 손님의 옷이나 버리게 하고, 정말 형편없는 사람이구만! 그러니 식당에서 서빙일이나 하고 있지. 사장은 도대체 종업원 교육을 어떻게 시키는 거야?'라고 생각하면 망념이 됩니다.

자신의 판단을 배제한 채 '종업원이 조심하지 못해 김치 그릇을 쏟았구나' 하는 생각에서 멈추게 되면 종업원의 행동에 조금 기분이 상할 수는 있어도 화가 날 것까지는 없습니다. 그리고 정말 그 종업원의 조심성 없는 행동이 마음에 걸리면 "다음부터는 조금 더 조심해주시면 감사하겠어요"라고 부드럽게 한마디 해 주면 됩니다. 만약 그렇게 말하는 것만으로는 도저히 해결이 되지 않을 정도로 옷을 많이 버렸다면 또 다른 방법을 생각해보면 됩니다.

그런데 다짜고짜 판단을 앞세우게 되면 자신의 기분만 나빠지게 됩니다. 판단이 꼬리에 꼬리를 물고 계속 일어나기 때문입니다. '도대체 내게 왜 이런 거지?', '내가 그렇게 만만하게 보이나?', '아까부터 표정이 안 좋더니만 혹시 나를 무시해서 골탕 먹이려고 일부러 쏟은 거 아냐?' 하는 판단이 계속해서 일어나게 되면 기분은 더욱 나빠지게 되고 결국에는 분노로 발전하고 맙니다.

이때 성질머리깨나 있는 사람이라면 종업원에게 한마디 할 가능성이 많은데, 이때는 "다음에는 조금 더 조심해주세요"라는 부드러운 말이 나올 리 없습니다. 대신 거칠게 항의하게 될 것입니다. 다행히 그 종업원이 진심으로 미안하다고 하면 그것으로 끝날 수 있지만, 그 종업원도 꽤나 성질머리가 있어 '실수한 것을 가지고 뭘 그러냐'고 해버리면 큰 소리가 오가는 싸움이 벌어질 수 있습니다.

이처럼 어떤 사물이나 사건, 사람에 대해 판단을 하게 되면 동요가 일어나게 되고, 그 동요에 휩싸이게 되면 자신의 감정을 다치게 되는데, 그 일차적인 손해는 자기 자신이 받게 됩니다.

따라서 이런 경우에는 판단이 일어나는 순간, 판단을 멈추는 것이 좋습니다. 종업원의 실수로 조금 기분이 상했다 하더라도 판단하지 말고 '종업원이 실수를 했구나' 하는 생각에서 멈춰야 합니다. 부득이 판단을 해야 한다면 '오늘 이 종업원 컨디션이 좀 안 좋은가 보구나' 하는 정도로 끝내면 됩니다. 그렇게 하면 잠시 기분이 상할 수는 있지만 분노가 일지는 않게 됩니다.

이번에는 상황을 조금 바꾸어 보겠습니다. 식당에서 밥을 먹고 있는데 옆 테이블에 손님들이 와서 자리를 잡고 앉았습니다. 곧이어 종업원이 다가갔고 서비스를 했는데, 종업원이 실수로 그만 김치 그릇을 쏟아 손님의 옷을 버리고 말았습니다. 만약 이런 상황을 옆에서 지켜보았다면 어떤 생각을 하게 될까요? 아마도 대부분의 사람들은 '저런, 종업원이 실수를 했구나'라고 생각할 것입니다. 그리고 거기서 더 나아가지는 않을 것입니다. 왜냐하면 자신의 이해관계가 걸려 있지 않기 때문입니다. 당연히 그 종업원의 실수 때문에 기분 나빠 하거나 분노하지도 않을 것입니다.

이처럼 똑같은 상황에서도 자신의 이해타산이 개입되면 판단이 일어나고, 짜증과 분노로 발전하게 되는데, 그 이유는 종업원의 행위 자체(김치 그릇을 쏟은)에 있기보다 그 행위(실수)가 '나를 향했기' 때문인 경우가 대부분입니다.

판단에 따른 망념이란 대부분 나 자신의 이해타산에 따른 판단이요, 분별입니다. 명상에서 분별하지 말고 판단하지 말라는 것은 자신의 이익을 위해 자신의 관점에서 분별하고 판단하는 것을 경계해야 한다는 뜻입니다. 분별하지 않고 판단하지 않으면, 비난하지 않게 되고 분노도 일어나지 않게 됩니다.

무명은 1주일 동안 자기 앞에서 벌어지는 여러 가지 사건들

에 대해 판단하지 않는 생활선을 열심히 훈련해 나갔습니다. 그 과정을 통해 무명은 그동안 자신이 사람이나 사물, 사건을 대할 때마다 습관적으로 판단했다는 사실을 알아차릴 수 있었습니다. 그러한 판단은 많은 경우 불쾌한 감정이나 생각으로 발전했고, 결국에는 화를 불러일으켰습니다.

이러한 사실을 알게 된 무명은 판단이 일어나는 순간 곧바로 멈추는 훈련을 했습니다. 그러자 불쾌한 생각이나 기분 나쁜 상황으로 '빠져드는 것' 자체를 막을 수 있다는 사실을 알았습니다. 부정적인 생각의 첫 출발이 사람과 사물, 사건에 대한 판단에서 시작된다는 것을 몸소 깨달은 것입니다.

일체 선악을 생각하지 마십시오. 그리고 생각이 일어나면 곧바로 알아차려야 합니다. 알아차리면 멈출 수 있고, 멈추면 곧 사라집니다.

호흡
다스리기

무명을 만난 지 49일이 지났습니다. 그는 이제 하루 15분 명상이 완전히 몸에 배었다고 했습니다. 처음에는 10분도 앉아 있기가 힘들었지만 지금은 전혀 힘들지 않다고 했습니다. 몸이 피곤하거나 잠이 부족할 때는 가끔 힘들기도 하지만, 오히려 명상을 하고 나면 피곤이 풀린다고 했습니다.

나는 10분 정도 명상을 하고 나면 3시간 정도 깊은 잠을 잔 것과 비슷한 휴식을 뇌에게 주기 때문에, 명상을 하고 나서 몸의 피로가 풀어지는 듯한 느낌은 단순히 느낌이 아니라 사실이라고 말해주었습니다. 그렇게 무명은 하루 15분씩 명상을 했고, 집중표의 하얀 동그라미에 시선과 생각을 가두는 훈련을 계속해 나갔습니다. 그러자 이제는 잡념도 명상을 하는 데 크게 방해가 되지 않는다고 했습니다.

그런데도 가끔은 자신의 의지로 통제할 수 없는 큰 사건이 벌어지면 그 생각에서 빠져나오기가 힘들다고 했습니다. 스쳐 지나가는 잡념은 얼마든지 흘려보낼 수 있지만, 사소한 것이라도 걱정거리가 생기거나 급하게 처리해야 할 일들이 있을 때는 되풀이해서 그 생각이 나고, 어느새 그 생각에 빠져 있는 자신을 발견한다고 했습니다. 그럴 때마다 생각 흘려보내기 작업을 통해 잡념에 끌려 들어가지 않으려고 노력하지만 잘 되지 않는다고 했습니다.

나는 무명에게 호흡에 대해 이야기해줄 때가 되었다고 생각했습니다. 작은 잡념들은 '생각 흘려보내기' 또는 '생각 멈추기' 만으로도 쉽게 떨쳐낼 수 있지만, 걱정거리가 있다거나 당장 해결해야 할 문제가 있을 때는 그러한 생각에서 빠져나오는 것이 쉽지 않기 때문입니다.

©김선영

🐘 호흡, 마음의 거울

자세를 바르게 하고 시선과 생각을 집중표의 하얀 동그라미에 고정시키고 난 다음에는 호흡을 고르고 깊게 해야 합니다. 호흡은 심기상태(心氣狀態)를 조절할 수 있는 유일한 방법입니다. 호흡은 마음 상태와 아주 깊은 관련이 있습니다. 마음이 동요되면 호흡이 흩어지고, 호흡이 흩어지면 마음도 흔들립니다. 마음이 흔들리는 그 순간 찾아오는 것이 온갖 종류의 잡념이요, 걱정이요, 망상입니다.

호흡은 우리의 정신 상태와 아주 밀접하지만 그 이상으로 중요하기도 합니다. 호흡은 산소를 흡수해 혈액을 깨끗하게 하고, 이산화탄소를 밖으로 내보내 생명력을 촉진시킵니다. 또한 배속의 압력을 증가시켜 내장 운동을 돕고, 그 결과 내장을 튼튼하게 합니다. 한마디로 호흡은 사람의 생명과 직결되는 너무나 중요한 것이라 할 수 있습니다.

우리는 늘 똑같이 숨을 쉰다고 생각하지만 호흡은 풍(風), 천

(喘), 기(氣), 식(息) 네 가지로 나눌 수 있습니다. 풍(風)은 씩씩
소리 나는 호흡을 말하고, 천(喘)은 숨이 차서 내는 호흡이며,
기(氣)는 소리가 나거나 막히고 걸린 것은 없지만 자연스럽거나
부드럽지 못한 호흡을 말합니다. 따라서 이 세 가지 호흡은 조
절되지 못한 호흡입니다.

조절된 호흡이란 식(息)을 말합니다. 이 호흡은 소리도 없으
며, 막히지도 않고, 거칠지도 않으므로 끊임없이 이어지면서,
호흡이 있는지 없는지도 모를 뿐 아니라, 정신이 안정되어 기쁘
고 즐거운 느낌을 주는 호흡입니다. 따라서 명상을 할 때는 반
드시 식(息)의 호흡을 해야 합니다. 그렇다고 너무 어렵게 생각
할 필요는 없습니다. 편안한 상태에서 천천히 숨을 들이마시고
천천히 내쉬면 누구나 식(息)의 호흡을 할 수 있습니다.

호흡은 단순히 숨을 쉬는 물리적인 작용만이 아닙니다. 사람
이 흥분했다는 것은 호흡이 거칠어졌다는 것을 뜻합니다. 마음
을 다스리지 못해 화를 내고 분노한다는 것은 호흡을 다스리지
못해 화내고 분노한다는 뜻이기도 합니다. 그렇다면 거꾸로 호

흡을 다스리면 자신의 마음을 다스릴 수도 있다는 뜻이 됩니다. 이것은 사실입니다. 기분이 좋지 않거나 화가 날 때 조용히 호흡에 집중해 보십시오. 천천히 그리고 아주 깊게 숨을 쉬다 보면 금방 마음이 가라앉고 평정심을 되찾게 됩니다.

🐘 배로 호흡하기

그렇다면 구체적으로 어떻게 호흡해야 하는 것일까요? 가장 좋은 것은 복식(腹式)호흡입니다. 배로 숨을 쉰다는 뜻입니다. 바르게 앉은 자세에서 숨을 들이쉬면서 배를 볼록하게 만들고, 숨을 내뱉으면서 배를 오므리면 됩니다. 이것은 앞서 이완 명상을 할 때 이야기한 호흡법이기도 합니다.

특별히 호흡 훈련을 한 사람이 아니라면 보통 사람들은 대부분 흉식호흡, 곧 가슴으로 숨을 쉽니다. 숨을 들이쉬면 가슴이 볼록하게 나오면서 배가 쑥 들어갑니다. 그리고 숨을 내쉬면 가슴이 들어가고 이번에는 배가 나옵니다. 하지만 복식호흡은 이

것과 정반대입니다.

복식호흡이 익숙해질 때까지 단전호흡을 해주면 좋습니다. 단전호흡이란 아랫배의 단전으로 숨을 쉬는 것을 말합니다. 짧게 '흡-' 하면서 숨을 들이마시고, 아랫배에 힘을 꽉 주고 잠시 그대로 멈추었다가 '호-' 하면서 아랫배의 힘을 풀고 배를 오므리면서 숨을 내쉬면 됩니다.

이 호흡법은 일상생활에서 훈련하기가 아주 좋습니다. 걸어가거나 전철을 타고 갈 때마다 '흡-호-, 흡-호-' 하면서 연습할 수 있기 때문입니다. 몇 번 연습하다 보면 어느새 익숙해지게 됩니다. 그리고 단전호흡을 아주 천천히 하면 그것이 바로 복식호흡이 됩니다.

만약 생각 흘려보내기만으로 벗어나지지 않는 잡념으로 괴롭다면 식(息)의 호흡을 하면서 강하게 의식을 모아보십시오. 마음속으로 '흡-' 하면서 천천히 숨을 들이마시고, '호-' 하면서 천천히 내쉬기를 되풀이하다 보면 어느새 잡념은 사라지게 될 것입니다. 이때 중요한 것은 모든 의식을 숨이 들어가고 나가는 아랫배에 모은다는 사실입니다. 배가 들어가고 나가는 그곳에 모든 의식을 집중해야 한다는 이야기입니다.

만약 그렇게 해도 잡념에서 빠져나오는 것이 힘들다면 숫자를 헤아려도 됩니다. '하나, 둘, 셋, 넷…' 하면서 천천히 숨을 들이마시고, 다시 '하나, 둘, 셋, 넷…' 하면서 천천히 숨을 내쉬면 됩니다. 배 속에 공기가 가득 찰 때까지 숫자를 헤아리면서 숨을 들이마시고, 배 속이 텅 빌 때까지 숫자를 헤아리면서 숨을 내쉬는 과정을 되풀이하면 어느새 잡념에서 벗어나 있을 것입니다. 이때도 모든 의식은 공기가 들어오고 나가는 아랫배와 숫자를 헤아리는 데 집중해야 합니다.

숨을 쉴 때 숫자를 몇까지 헤아려야 하는지 정해진 것은 없습니다. 각자의 호흡 능력에 따라 달라지기 때문입니다. 다만 일반적으로 초보자들은 여섯부터 시작하면 적당합니다. 여섯을 세는 동안 숨을 들이마시고, 여섯을 세는 동안 숨을 내쉬면 됩니다. 그리고 명상을 계속하는 동안 조금씩 숫자를 늘려 가면 됩니다. 명상을 오래 하게 되면 호흡이 점점 느려

지게 되는데, 30초 동안 들이마시고 30초 동안 내뱉는다면 가장 이상적인 호흡이라 할 수 있습니다.

다만 한 가지 중요한 점은, 처음에는 배 속의 여분 공기가 없도록 모두 뱉어내고 다시 최대한 빵빵하게 채우는 호흡을 해야 한다는 것입니다. 그러다가 호흡이 어느 정도 길어지고 안정화되면 80% 정도만 내뱉고 20%를 배 속에 남겨두는 것이 좋습니다. 그렇게 하면 훨씬 부드럽고 길게 호흡할 수 있기 때문입니다.

나는 무명에게 단전호흡과 복식호흡을 가르쳐주고, 1주일 동안 열심히 훈련하라고 했습니다. 이와 더불어 두 번째 생활선 과제를 내주었습니다. 그 누구와 대화를 하더라도, 심지어 싸움을 할 때라도 상대의 눈에 시선을 고정시키고 귀는 상대방의 말에 집중하라는 과제였습니다.

자신의 모습
되돌아보기

자세와 시선 그리고 호흡에 익숙해진 무명은 하루가 다르게 성장하는 듯 보였습니다. 나는 무명이 얼마나 자신의 내면세계를 깊숙이 들여다보고 있는지, 참된 자신에게 얼마나 가까이 다가가고 있는지 그의 표정과 행동에서 금방 느낄 수 있었습니다.

무명은 상대방과 눈을 마주치고 상대방의 말에 집중하는 생활선을 실천하면서 많은 것을 느꼈다고 했습니다. 무척 어려웠지만 매우 보람된 과제였다고 했습니다.

생활선 과제를 실천하면서 무명은 그의 분노 조절 장치가 어디쯤에서 고장 났는지 어렴풋이 알게 되었다고 했습니다. 자신이 얼마나 사람과 사물을 건성으로 대하고, 남의 말에 귀 기울이지 않았는지 깨달았던 것입니다. 잘 보지 않고, 잘 듣지 않다 보니 부정확한 정보를 얻게 되고, 그 상태에서 잘못된 판단을 통해 왜곡된 정보까지 덧보태게 되고, 그 정보를 흘려보낼 줄 모르고 더욱 부정적으로 확장시키기만 했다고 했습니다. 그래서 어떤 갈등 상황에 부딪혔을 때 그 갈등을 해결하기보다는 오히려 더 복잡하고 힘들게 만드는 경우가 많았던 것입니다.

아침마다 15분씩 명상을 하면서 자신의 내면을 들여다보고, 낮 동안에는 남의 말에 귀를 기울이고, 대화하는 상대방의 눈을 쳐다보면서부터 무명은 달라진 자기 자신을 느끼기 시작했습니다.

🐘 화남과 화냄을 구별하기

반가부좌를 하고 조용히 앉아 집중표에 시선을 모으고 호흡에 집중하다 보면 강한 몰입 상태가 되면서 마음이 편안해집니다. 그러면서 자신의 말이나 행동이 마치 거울을 들여다보듯 보이게 됩니다. 그렇게 되면 자연히 '내가 그 상황에서 왜 그렇게 말했을까, 이렇게 말했더라면 더 좋았을 텐데' 하는 생각을 하게 됩니다. 그리고 실제로 현실에서 그와 비슷한 상황과 마주치게 되면 명상할 때 생각했던 대로 말과 행동을 하게 되는 경우가 많습니다. 이른바 생활선이 이루어지는 것입니다.

어느 날, 무명은 화를 내고 있는 자신의 모습이 보이기 시작했습니다. 지금까지 무명은 화를 내고 있는 자신을 본 적이 없었습니다. 분노 조절 장치가 고장 나 불같이 화를 내고 있는 순간에도 자신이 무엇을 하고 있는지 알아차리지 못했습니다. 무엇을 하고 있는지 모르다 보니 그것을 다스릴 수도 없었습니다.

그러다 문제가 커지고, 후회할 만한 상황을 만들고 난 뒤에야 비로소 자신이 얼마나 어처구니없는 말과 행동을 했는지 알아차렸습니다. 마치 전철에서 크게 통화를 하며 주위 사람들에게 불쾌감을 주는 사람이 자신의 행동을 전혀 알아차리지 못하는 것처럼 말입니다.

마침내 무명은 화를 내기 직전의 자신을 볼 수 있게 되었습니다. 스스로의 모습을 관찰하다 보니 어느 순간 분노 조절이 안 되고 있는 자신을 볼 수 있었습니다. 그리고 아직 발현되지는 않았지만 이미 자신이 화가 나 있다는 사실을 알 수 있었습니다. 그 순간, 무명은 자신이 왜 화가 났는지 살피기 시작했습니다. 겨우 몇 달 전만 해도 무명은 이런 과정 없이 화가 남과 동시에 화를 내고 말았는데, 이제는 화를 내기 전에 화가 난 자신을 살필 수 있게 된 것입니다.

화가 난 자신을 살펴보니 대부분의 경우 아주 사소하거나, 이미 지난 일이거나, 화를 낸다고 해서 상황이 전혀 달라지거나 나아질 것이 없는 것들이었다고 했습니다. 그러므로 그 순간 화를 낸다는 것은 문제 해결에는 아무런 도움이 안 되고, 그저 상대방과 관계만 나빠질 그런 것들이 대부분이었습니다.

이런 생각을 하게 되자 무명은 그 순간 화난 감정을 멈출 수 있게 되었고, 결국 '화가 나는 것'과 '화를 내는 것'을 구분할 수 있게 되었다고 합니다. 곧 화를 낼지, 화를 내지 않을지를 자신이 선택할 수 있게 된 것입니다. '화가 나는 것'이 곧바로 '화를 내는 것'이 되어버렸던 상황과는 너무나 달라졌던 것입니다.

©김선영

화가 나 있는 자신을 볼 수 있게 되고부터 무명은 화를 내는 횟수가 많이 줄었다고 했습니다. '화가 나는 것'과 '화를 내는 것'은 엄연히 다르다는 것도 깨달았습니다. 화가 날 수는 있지만 그렇다고 해서 언제나 화를 내야 하는 것은 아니라는 사실도 알았습니다. 그 누군가에게 도움이 되거나 문제 해결에 도움이 될 때에만 화를 낼 필요가 있다는 사실도 알았습니다. 하지만 그런 경우가 그리 많지 않다는 사실도 알게 되었습니다. 화를 내는 것이 누군가에게 도움이 되거나 문제 해결에 도움이 되는 경우는 거의 없었기 때문입니다.

🐘 자신의 모습을 알아차리다

자신의 행동을 볼 수 있게 되고부터 무명은 전혀 다른 방식으로 타인을 보는 시각이 생겼습니다. 예전에 그는 주위의 가까운 사람들이 실수를 하거나 잘못을 할 때, 즉각적으로 개입해 잘못을 깨우쳐주거나 알려주었습니다. 그 과정에서 오해가 생겨(거칠게 말하는 무명의 화법으로 인해) 좋은 뜻에서 시작한 개입이 결국에는 감정싸움으로 번져 관계만 나빠진 경우가 여러 번 있었습니다.

하지만 이제 무명은 다른 사람의 실수나 잘못에 무척 너그러워졌습니다. 그럴 수 있었던 이유는 '저 사람은 지금 자기가 무엇을 하고 있는지 잘 모른다'는 생각으로 상대를 바라보고 이해하는 마음이 생겼기 때문입니다.

그러다 보니 예전에는 그런 사람을 보면 '저 사람은 왜 저렇게밖에 못 하나' 하는 생각에 화가 났었는데, 이제는 '저 사람은 지금 자신이 무엇을 하고 있는지 모르는구나'라는 생각에 안타까운 마음이 들어 비난하는 마음보다 진심으로 도와주고 싶은 마음이 먼저 일어난다고 했습니다.

비난의 눈으로 바라보며 접근했을 때와 진심으로 도와주고 싶은 마음으로 접근했을 때 상대방이 느끼는 감정은 전혀 다를 것입니다. 그러다 보니 이제는 다른 사람의 일에 개입을 해도 갈등이 커지기보다는 갈등이 해결되거나 없어지는 경우가 많아졌다고 했습니다.

사람들은 금방 후회할 말과 행동을 할 때가 많습니다. 다행히 용서받고 이해받을 수 있는 말과 행동을 할 때도 있지만 돌이킬 수 없는 말과 행동을 하는 경우도 있습니다. 여기에 뭔가 복잡한 속내가 있는 것 같아 보이지만 사실은 너무나 간단하고 단순합니다. 그 순간 자신이 무슨 말과 행동을 하고 있는지 '스스로를 보지 못하기 때문'입니다.

그렇게 엄청난 말과 행동을 해 놓고 돌이킬 수 없는 상황이 되면 그제야 자신이 어떻게 했는지 알아차리고 후회를 합니다. 하지만 그때는 소용이 없습니다. 이미 너무 늦었기 때문입니다.

모든 것은 자신의 말과 행동을 돌이켜보지 못한 결과입니다. 무명은 이제 자신이 무슨 행동을 하고 있는지 자신을 볼 수 있는 사람이 되었습니다. 나는 그런 무명에게 진심으로 축하한다는 말을 해 주었습니다.

| 열 번째 만남 |

균형감
회복하기

처음 만났을 때 무명은 모든 의욕을 상실한 도시인의 전형적인 모습을 하고 있었습니다. 하지만 매일 아침마다 명상을 하는 지금, 그는 대학에 갓 입학한 신입생처럼 의욕과 자신감에 넘쳐 있었습니다. 처음 만났을 때와는 비교할 수 없을 정도로 분노 조절도 잘 되고, 따라서 화를 내는 일도 거의 없다고 했습니다.

그런데도 무명은 어딘지 모르게 불편함이 느껴진다고 했습니다. 마치 남의 옷을 입고 있는 듯하기도 하고, 고장 난 부분을 근본적으로 수리하지 않고 임시로 테이프를 감아놓은 듯한 느낌도 든다고 했습니다. 하지만 왜 그런 느낌을 받는지는 알 수 없다고 했습니다.

그 불편함의 원인은 그가 스스로 찾아야 할 것이었습니다.

그것을 찾아가는 과정 자체가 치유의 시간이자, 문제 해결의 열쇠이기 때문입니다. 무명은 명상을 하면서 자신의 모습을 좀 더 세밀하게 살펴보기로 했습니다. 그것이 지난주 헤어지면서 마지막으로 주고받은 이야기였습니다.

🐘 말과 생각과 행동의 균형감

1주일 만에 나타난 무명은 조금 어두운 얼굴을 하고 있었습니다. 지난 몇 주 동안에는 잘 볼 수 없었던 얼굴이었습니다. 그에게 무슨 일이 생겼다는 것을 직감적으로 알 수 있었습니다. 나는 무슨 일이 있었는지 말해줄 수 있는지 물어보았습니다.

무명은 며칠 전 사무실에서 한 부하 직원에게 화를 냈다고 했습니다. 그것 때문에 마음이 많이 언짢다고 했습니다. 마치 암이 재발한 것 같은 느낌이라고 했습니다.

나는 무명에게 명상 자세로 앉아 그날의 상황에 집중해보라고 했습니다. 그리고 그 상황 안으로 들어가 자신의 행동을 되돌아보라고 했습니다. 기억하기 싫겠지만 그래도 참고 정면으로 마주해야 한다고 했습니다. 다행히 무명은 내 말을 따랐고, 그렇게 한참 동안 앉아 홀로 고요함 속에 머물렀습니다.

잠시 후 우리는 다시 마주 앉았습니다. 명상을 하면서 자신의 모습을 돌이켜보니 무엇이 보이더냐고 물어보았습니다. 무명은 화를 내지 않아도 될 상황에서 화를 내는 자신을 볼 수 있었다고 했습니다.

"화를 내지 않아도 될 상황이었다면, 어떤 상황이었습니까?"

"……"

"그냥 살짝 경적만 한 번 울리면 될 일이었는데 분노를 참지 못하고 창문을 열어 욕을 한 것과 비슷했습니까?"

무명은 그렇다고 했습니다. '화를 내지 않아도 될 상황이었다'는 무명의 말은 무척 중요한 표현이었습니다. 나는 그가 참으로 주의 깊고 세밀하게 자신을 돌아보는 작업을 오랫동안 해왔다는 것을 알 수 있었습니다.

우리가 처음 만난 날, 무명은 삼거리에서 갑자기 튀어나온 승용차 운전자를 향해 분노에 가득 찬 욕을 퍼부었다고 했습니다. 그 승용차 운전사의 잘못에 대한 무명의 반응이었습니다. 그런데 가만히 따져보니 승용차 운전사가 한 잘못은 너무나 경미했고, 반면 무명이 보인 반응은 너무나 지나쳤습니다. 상대방뿐 아니라 무명 스스로도 며칠 동안 괴로움에 시달렸을 정도로 그의 행동은 지나쳤습니다.

여기서 우리는 그 운전자의 잘못과 무명이 보인 반응 사이에 심각한 불균형이 있다는 사실을 알 수 있습니다. 그저 가벼운 경적만으로도 충분할 정도의 잘못에 무명은 마치 자신의 목숨을 위협할 정도의 잘못을 저지른 듯한 반응을 보였던 것입니다. 무명의 분노는 바로 그 깨어진 균형만큼 통제할 수 없었던 것입니다.

명상의 핵심은 조화에 있습니다. 조화를 다른 말로 하면 '균형감'이라 할 수 있습니다. 거문고를 잘 타려면 마땅히 먼저 줄을 잘 조절해 느슨함과 팽팽함이 알맞게 균형을 이루도록 해야 비로소 좋은 소리를 얻을 수 있습니다. 거문고 줄이 서로 조화를 이루기 위해서는 각각의 줄이 자신을 죽이고, 자신을 버려야 합니다. 그렇게 함으로써 각각의 줄들은 조율이 되고 조절이 되어 아름다운 조화를 이루게 되는 것입니다.

명상은 다른 것이 아닙니다. 생각과 말과 행동을 비롯해 일체의 모든 것을 끊임없이 조절하여 조화를 이루어가는 것이라 할 수 있습니다. 사실 세상의 모든 그릇된 생각과 말과 행위는 모두 조절을 하지 못한, 곧 조화가 깨어졌을 때 일어나는 현상이라 할 수 있습니다.

🐘 생활 속에서 이루어지는 조화

명상을 통해 삼매의 경지에 들어가려고 하는 사람이 조절해야 할 가장 중요한 다섯 가지가 조식(調食)과 조면(調眠), 조신(調身),

©Steve Snodgrass

조심(調心), 조식(調息)입니다.

조식(調食)이란 '양기음식(量其飮食)하여 부다부소(不多不少)해야 한다'는 것으로, 음식의 양을 조절하여 지나치게 많이 먹거나 지나치게 적게 먹어서는 안 된다는 것을 말합니다. 지나치게 많이 먹으면 호흡이 급하고 몸이 포만하여 혈맥이 통하지 않아 마음을 가리고 막히게 하여 앉아 있어도 불안하게 됩니다. 반대로 지나치게 적게 먹으면 몸이 여위고 마음이 불안해 생각이 견고하지 못하게 됩니다. 그러므로 가장 좋은 것은 적당량을 균형 있게 먹는 것입니다.

잠자는 것도 마찬가지입니다. 조면을 두고 '조기수면(調其睡眠)하여 부절부자(不節不恣) 해야 한다'고 했습니다. 수면을 조절해 너무 많이 자거나 너무 적게 자지 않도록 해야 한다는 뜻입니다. 잠은 무명과 현혹을 부릅니다. 따라서 지나치게 많이 자게 되면 성인의 법을 닦지 못할 뿐 아니라, 또한 공부를 상실하여 마음이 어두워져서 선근(善根)이 사라지게 됩니다.

『초발심자경문(初發心自警文)』에는 '3경(밤 9시부터 새벽 3시까지의 6시간)을 제외한 그 밖의 시간에는 잠을 자지 말라고 했습니다. 하지만 사회생활을 하는 사람들이 그렇게 할 수는 없을 것입니다. 그렇지만 가능하면 새벽 일찍 일어나 명상을 한다면 원하는 바를 이루는 데 많은 도움이 됩니다.

명상에서는 수마(睡魔)라 하여 잠을 마귀에 비유했습니다. 그만큼 수면을 수행을 방해하는 큰 걸림돌로 생각했습니다. 그러다 보니 옛 선인들은 잠을 이기기 위해 목침을 동그랗게 만들어 베고 자기도 했습니다. 잠이 깊이 들어 둥근 목침에서 미끄러져 머리를 찧으면 다시 일어나 명상을 하기 위해서였습니다.

하지만 요즘 현대인들은 만성적인 수면 부족에 시달릴 정도로 잠을 자지 못합니다. 지나치게 잠을 많이 자는 것도 문제지만, 충분히 자지 못하는 것도 수마만큼이나 수행을 방해합니다.
수면 부족은 몸과 마음의 균형을 쉽게 깨트립니다. 잠을 충분히 자지 못하면 몸이 피곤한 것은 물론이고, 정신이 맑지 못해 마음도 산란해지므로 쉽게 짜증이 나고, 이것이 쌓이고 뭉치면 화가 되어 분노로 폭발하게 됩니다. 그러므로 지나치게 많이 자는 것을 경계해야 하는 만큼 충분히 자지 못하는 것 역시 경계해야 합니다.

그 다음이 조신(調身)입니다. 수행자가 선정 삼매에 들려면 자신의 몸가짐을 잘 조절해 적절함을 얻어야 합니다. 이는 먼저 바른 자세로 앉아 명상을 하는 것이고, 그 다음에는 움직임(行)과 머무름(住), 나아감(進)과 멈춤(止)이 조화로워야 합니다.

그렇게 하기 위해서는 늘 자신의 동작을 살펴야 합니다. 동작이 거칠고 조잡하면 호흡이 거칠어지고, 호흡이 거칠어지면 마음이 산란하여 명상을 할 때 번뇌가 일어 마음이 안정되지 못하게 됩니다.

날마다 명상을 하고 삼매에 든다고 해도 그 사람의 행동이 경거망동하고, 움직임과 머무름에 경계가 없으며, 말이 거칠고 표정이 굳어 있다면 그 사람을 보고 '명상을 하더니 변했구나'라고 말할 사람은 아무도 없을 것입니다. 명상을 하면 깨달음을 얻게 됩니다. 그리고 그 깨달음은 그 사람의 변화된 행동으로 나타나게 됩니다.

조심(調心)은 글자 그대로 마음을 조절하는 것입니다. 이는 옳고 그름을 따지거나, 좋아하거나 미워하는 마음을 일으키지 말라는 것입니다. 이것은 앞에서 이야기한 분별심을 말하는 것입니다.

마지막으로 조식(調息)이란 호흡을 조절하는 것을 말합니다. 명상을 할 때는 들숨과 날숨이 잘 어우러져 조화가 맞아야 합니다. 숨을 들이쉴 때는 편안하게 이완된 상태에서 자신의 몸이 긴장되지 않는 범위까지만 숨을 들이쉬어야 합니다. 내쉴 때에도 역시 몸이 긴장되지 않고 편안한 상태가 유지될 때까지만 내쉬어야 합니다. 이것이 조식입니다.

무리하게 욕심을 내어 몸이 힘들 때까지 숨을 들이마시고 내뱉게 되면 조화로운 호흡이라 할 수 없습니다. 따라서 늘 자신의 호흡을 들여다볼 수 있어야 하고, 들숨과 날숨이 고요하고 평화로운지 지켜보아야 합니다. 호흡이 평화롭고 안정되어야만 궁극적으로 마음을 다스릴 수 있기 때문입니다.

이렇듯 명상은 이 다섯 가지를 끊임없이 조화롭게 만드는 과정이라 할 수 있습니다.

🐘 모자라지도 지나치지도 않게

나는 무명에게 그의 분노 조절 장치의 고장은 이 불균형에 있다고 말해주었습니다. 상대방이 잘못한 것은 맞지만 그렇다고 그렇게 지나치게 반응할 정도는 아니었다는 것입니다. 누군가가 실수로 콩알만 한 돌멩이를 하나 던졌는데 무명은 그 사람에게 핵폭탄 공격으로 앙갚음을 한 꼴이었습니다.

만약 무명이 이러한 불균형을 바로잡아 균형감을 회복하지 않으면 앞으로도 계속 불편함과 괴로움을 겪게 될 것입니다. 왜냐하면 세상 속에서 다른 사람들과 함께 살다 보면 의도적이든 의도적이 아니든 이런저런 공격을 받을 수밖에 없고 그때마다 대응하면서 살아야 하는데, 균형감을 회복하지 않으면 돌멩이

공격에 핵폭탄으로 맞서는 상황은 언제든지 되풀이될 수밖에 없기 때문입니다.

세상에 살면서 '나는 전혀 공격받지 않고 살겠다'고 말할 수는 없습니다. 본의 아니게 공격받을 수 있고, 또한 본의 아니게 다른 사람을 공격할 수도 있습니다. 그렇지만 이때 균형감을 갖고 있다면 발을 밟혔다고 심한 욕을 하거나 칼을 휘두르지는 않게 됩니다.

콩알만 한 돌멩이를 던진 사람에게 핵폭탄으로 맞서는 것만큼 어리석은 것이 없습니다. 그것은 상대방을 해치는 일이지만 자기 자신도 해치기 때문입니다. 누가 콩알만 한 돌멩이를 던진다면 그냥 웃어넘기거나, 꼭 공격해야 할 상황이라면 콩알만 한 돌멩이를 하나 던져주면 그만입니다. 이것이 균형감입니다.

무조건 화를 내지 않은 것이 옳다는 것은 아닙니다. 화를 내야 할 때는 내야 합니다. 화를 내야 하는데 화를 내지 않는 것은 어쩌면 더 큰 문제일 수 있습니다. 따라서 중요한 것은 화를 내

©김선영

고 안 내고가 아니라, 자신이 내는 화에 균형감이 있느냐 없느냐입니다.

어린 아이가 실수로 우유 잔을 쏟았다면 "아휴, 조심하지"라고 한마디 하는 것으로 충분합니다. 그런데 아이가 물건을 훔치거나 다른 아이를 이유 없이 때리기라도 한 것처럼 심한 벌을 준다면 어떻게 될까요? 아이는 억울해할 것이고 어른을 불신하게 될 것입니다.

반대로 아이가 다른 아이를 괴롭히고 물건을 훔치는 따위의 큰 잘못을 저질렀는데도 마치 우유 잔을 쏟은 정도로 여기고 "왜 그랬어?"라고 한마디 하고 넘어간다면, 아이는 자신의 행동을 돌아볼 수 없게 되어 더 큰 잘못을 저지르게 될 것입니다.

상대방이 한 잘못과 그에 상응한 반응이 적절한 균형을 이루게 되면 잘못을 한 상대방은 큰 거부감 없이 그 반응을 받아들이게 됩니다. 곧 자신의 행동을 뉘우치고 반성하게 됩니다.

하지만 모자라거나 지나치게 되면 상대방은 엉뚱한 생각을 하거나 심하게 반발하게 됩니다. 자기 자식을 크게 다치게 한 사람을 찾아간 부모가 가해자의 멱살을 잡고 불같이 화를 낸다고 해서 그 화가 지나치다고 생각하는 사람이 있을까요? 화는 그 자체로는 큰 문제가 되지 않습니다. 다만 균형감을 잃었을 때 문제가 될 뿐입니다.

균형감을 다른 말로 하면 조화입니다. 조화는 참선의 궁극적인 목표이기도 합니다. 무엇인가 조화를 이루기 위해서는 자신을 버려야 합니다. 각각의 거문고 줄처럼 말입니다.

조화를 이루기 위해서는 균형감을 가져야 하고, 균형감을 갖기 위해서는 자기를 비워야 합니다. 이런 의미에서 명상은 자신을 비우는 것입니다. 비우고 비워 더 이상 비울 것이 없을 때, 그 사람은 내세울 자기도 사라지고 없습니다. 바로 그 순간 그 사람은 어떤 자리에서도 조화롭게 어울릴 수 있게 됩니다. 이것이 명상입니다.

무명은 나와 헤어지기 전, 어떻게 하면 균형감을 가질 수 있는지 물었습니다. 그것은 순전히 무명 자신의 몫이라고 말해주었습니다. 스스로 깨달아야 한다고 했습니다. 그러기 위해 더 오랫동안, 더 집중해서 자신을 들여다볼 것을 권했습니다. 무명은 그렇게 해 보겠노라고 말하고는 돌아갔습니다.

무명과 헤어지기 전, 나는 마지막 생활선 과제를 내주었습니다. 그것은 '지금 하고 있는 일에 최선을 다하기'라는 과제였습니다.

집착
내려놓기

어느새 무명과의 만남이 열한 번째
가 되었습니다. 1주일 만에 나타난 무명은 지금까지 본 얼굴 중
에서 가장 밝은 표정을 하고 있었습니다. 답답하던 무언가가 해
결된 듯한 그런 얼굴이었습니다. 나는 그에게 아주 큰 변화가
일어났다는 것을 직감적으로 느낄 수 있었습니다.

"그동안 시간의 노예로 살았던 것 같습니다."

자리에 앉아 잠시 침묵 속에서 자신의 내면을 들여다보고 있
는 듯한 표정을 짓고 있던 무명이 조용히 한 말이었습니다. 나
는 이 말에 반사적으로 박수를 쳐주고 싶었습니다. 사실 무명을
처음 만났을 때 그에게 해 주고 싶었던 말이었기 때문입니다.

첫날 그가 현재의 자기 생활에 대해 무덤덤하게 이야기했을

때, 나는 그가 가진 많은 문제의 근원이 시간에 있다는 것을 알았습니다. 정확히 말하면 '시간에 대한 집착'이었습니다.

하지만 그때는 아무런 말도 하지 않았습니다. 만약 그때 그 말을 해주었다면 아마 그는 무척이나 기분 나빠 하면서 자리를 박차고 일어나 가버렸든지, 아니면 자신의 문제를 해결해주어 고맙다고 하면서 아주 기쁜 얼굴로 떠났을 것입니다.

정반대되는 반응이라 할 수 있지만, 결과적으로는 떠나 다시는 돌아오지 않았을 것입니다. 물론 두 경우 모두 그가 자신의 문제를 해결했을 가능성은 거의 없습니다.

나는 무명이 스스로 깨달을 수 있도록 기다리기로 했습니다. 그리고 마침내 그는 깨달았던 것입니다. 자신이 그토록 알고 싶어 했던 분노 조절 장치의 고장 원인이 시간의 노예로 살아온 자신의 마음에 있었다는 것을 말입니다.

70여 일 전, 무명과 나는 처음으로 만났습니다. 처음 만난 그날 무명은 무표정한 얼굴에 영혼이 없는 듯한 목소리로 자신의 생활에 대해 이야기했습니다.

그는 매일 아침 6시에 일어나 씻고 준비하여 6시 30분에 집에서 나간다고 했습니다. 통근 버스가 회사에 도착하는 시각은 약 7시 20분. 회사 식당에서 아침을 먹고 사무실로 올라가면 그때부터 10분 단위로 스케줄을 짜고, 하루 종일 그 스케줄에 따라 시계 초침처럼 움직인다고 했습니다. 그렇게 하루 업무를 하다 보면 늘 밤 10시가 넘어서야 퇴근할 수 있었고, 집에 도착하면 11시가 훌쩍 넘는다고 했습니다. 이미 모든 가족들이 잠들어 있을 시간입니다.

그나마 직급이 낮을 때는 토요일과 일요일 이틀을 쉴 수 있었지만, 팀장이 되고부터는 토요일에도 출근하는 날이 많아졌다고 했습니다. 그러다 보니 유일하게 쉴 수 있는 날은 일요일

하루뿐이었고, 그날은 부족한 잠을 보충하기에도 모자랐다고 했습니다. 자연히 하루 종일 잠을 잤고, 그것이 그의 유일한 취미이자 즐거움이라고 했습니다.

1주일 동안 열심히 일한 덕분에 무명은 제법 많은 월급을 받았고, 겨우 하루 쉬는 휴일을 온통 잠으로 보내는 가장의 모습을 너그럽게 봐주기에 그의 월급은 모자람이 없었다고 했습니다. 그렇게 무명은 40대 중반을 낡은 흑백 사진처럼 보내고 있었습니다.

첫날 헤어지기 전, 나는 무명에게 중요한 일이 아니라면 되도록 정해진 업무 시간 안에 일을 끝내고 일찍 퇴근하는 생활로 바꾸어보라고 했습니다. 그리하여 가능하면 집에 가서 저녁을 먹고 적당한 휴식을 취하다가 일찍 잠자리에 드는 생활로 바꾸면 뭔가 변화가 있을 것이라고 했습니다.

그리고 현재의 생활방식을 바꾸지 않는다면 아무리 명상을 해도 변하는 것은 없을 것이라고 했습니다. 명상은 결국 생활의 변화로 나타나게 되는데, 현재의 생활을 고집한다면 그 변화는 처음부터 기대할 수 없기 때문입니다.

하지만 무명은 회사 생활에는 전혀 불만이 없기 때문에 회사 일은 아무런 문제가 되지 않는다고 했습니다. 오히려 회사 생활은 즐겁다고 했습니다. 출근해 사무실에 앉아 있으면 오히려 마음이 편안하다고 했습니다. 대신 퇴근을 하면 뭔가 불안하고 불편하다고 했습니다. 그랬던 무명이 70여 일이 지난 지금, 자신이 그동안 시간의 노예로 살아왔다는 고백을 한 것입니다. '시간의 노예'라는 표현에는 아주 많은 것이 함축되어 있었습니다.

"어찌하여 시간의 노예로 살아왔다고 생각하게 되었습니까?"

무명은 지난 1주일 동안 생활선 과제를 하면서 깜짝 놀랐다고 했습니다. 지금까지 무슨 일을 하든 그 일 자체에 정성을 쏟고 의미를 부여한 경우가 거의 없었다고 했습니다. 아침에 일어나 샤워를 할 때는 얼른 옷을 챙겨 입고 집을 나설 생각에 분주

했고, 집을 나서면 출근 버스를 놓치지 않는 것이 중요했고, 버스를 타고 가는 동안에는 그날 오전에 할 일들을 계획했고, 버스에서 내려 구내식당으로 걸어가는 그 짧은 시간에도 아침 회의 준비 상황을 점검하고, 아침을 먹는 동안에는 오전 업무 생각으로 가득 차 있었다고 했습니다.

한마디로 무명에게 현재란 존재하지 않았습니다. 그러다 보니 한 번도 지금 하고 있는 일 그 자체를 즐기거나 그 속에서 의미를 찾은 적이 없다고 했습니다.

자신의 모든 행동들은 오직 회사에 있는 자기 자리로 가기 위한 과정에 지나지 않았다고 했습니다. 1분이라도 빨리 회사에 가서 자기 자리에 앉아야 마음이 편했다고 했습니다.

회사에 있을 때도 자기 자리를 떠나면 불안하다고 했습니다. 자기 자리를 떠나게 하는 그 모든 상황들이 자신을 괴롭히는 스트레스로 작용했다고 했습니다. 그러다 보니 사무실의 자기 책상으로 가는 것을 방해하는 것이 생기면 그것이 무엇이든 짜증이 나고 화가 났던 것입니다.

무명은 처음에는 자신이 일중독이라고 생각했다고 합니다. 그런데 그것만 가지고는 설명되지 않는 것이 있었다고 합니다.

"며칠 전 전철을 타고 가는데 자리가 많이 비어 있었습니다. 그런데 어떤 남자가 굳이 내 가까이 와서 앉는 것입니다. 그러자 까닭 없이 불편했습니다. 그 사람이 내게 뭔가를 요구한 것도 아니었고, 그 때문에 내가 무슨 불편을 당하는 것도 아니었는데 이상하게 긴장되는 것을 느꼈습니다. 나는 그 이유가 무척 궁금했습니다."

'내가 왜 긴장하는 것일까?'

무명은 이야기를 계속해 나갔습니다.

"그래서 곰곰이 생각해 보았습니다. 그동안 명상을 하면서 한 가지 발견한 사실이 있는데, 분노 조절에 실패하여 화를 낼 경우, '긴장 – 짜증 – 화남 – 화냄'이라는 일정한 패턴이 있다는 사실이었습니다. 저는 '긴장' 단계에 어떤 답이 숨어 있지 않을까 하는 생각을 했습니다. 그리하여 이 패턴에 따라 화가 폭발했을 때, 이를 역으로 되짚어 보았습니다. 어떤 상황에서 긴장을 하게 되고, 긴장을 한 이유가 무엇인지를 곰곰이 되짚어 보았습니다. 그러다가 그날 전철 안에서 마침내 그 이유를 알게 되었습니다."

무명은 자신을 긴장하게 만드는 것이 '시간'이었다고 했습니다. 그는 시간에 중독되어 있었고, 그러다 보니 자신의 시간을 빼앗아가는 모든 사람과 상황에 대해 늘 긴장된 상태로 경계했던 것입니다.

삼거리에서 갑자기 진입해 놀라게 했던 그 승용차 운전자도 무명에게는 자신의 시간을 빼앗아간 사람 이상의 의미는 없었습니다. 아무런 사고가 난 것도 아니었고 심각하게 사고가 날 뻔하지도 않았지만, 결과적으로 무명은 아주 짧은 순간이지만 속도를 줄이는 행위를 통해 그 사람에게 시간을 빼앗기고 말았습니다. 그리고 자칫하면 엄청난 시간을 빼앗길 뻔했습니다.

승용차 운전사가 저지른 물리적 잘못은 경적을 한 번 울려주는 것으로 충분할 정도로 아주 경미했지만 무명에게 그것은 중요하지 않았습니다. 빼앗긴 자신의 시간만 중요할 뿐이었습니다. 그것은 1초가 되었든, 1시간이 되었든 중요하지 않았습니다. 사정이 이렇다 보니 실제로 시간을 빼앗기지 않았다고 해도, 자신의 시간을 빼앗아갈지도 모른다는 생각만 해도 그는 긴장하고 짜증이 났던 것입니다.

전철에서 낯선 사람이 자기 곁에 다가왔을 때 까닭 없이 긴장했던 이유도 이 때문이었습니다. 그 사람이 자신의 시간을 빼앗아갈지도 모른다는 불안감에서 긴장을 하게 되었던 것입니다.

무명이 균형감을 잃고 아주 사소한 일에 엄청나게 큰 분노를 폭발시킨 것도 문제가 되는 것이 시간이었기 때문입니다. 그의 생각에 시간은 그 어떤 것으로도 보상받을 수 없는 것이었습니다. 그러므로 1초를 빼앗겼든, 1시간을 빼앗겼든 그가 느끼는 스트레스는 동일할 수밖에 없었고, 그러다 보니 균형감 없는 분노를 터트렸던 것입니다.

🐘 지금 하고 있는 일에 의미 두기

지난 1주일 동안 무명은 그것이 무엇이든 지금 하고 있는 일을 중요하게 생각하고 그 일에 의미를 두자고 다짐했습니다. 그것 만이 시간의 노예에서 벗어나는 길이라 생각했습니다.

그러자 아침마다 하는 샤워가 즐겁기 시작했습니다. 자신의 맨몸을 들여다보는 것도 재미있고, 매끄러운 피부를 문지르는 촉감도 즐거웠습니다. 자연히 행동은 느긋해지고 샤워 자체가 좋아졌습니다. 지금까지 그에게 샤워는 출근을 방해하는, 나아 가 회사의 자기 자리로 가는 데 걸림돌이 되는 거추장스러운 것 이었을 뿐 다른 의미는 없었습니다. 하지만 이제 상황이 달라지 게 된 것입니다.

상쾌한 마음으로 대문을 나선 무명은 느긋한 마음으로 버스 정류장을 향해 걸어갔습니다. 겨우 며칠 전까지만 해도 늘 정신 없이 걷던 길이었습니다. 무명은 느긋하게 걸어보고 나서야 그 길이 얼마나 예쁜지 알게 되었습니다. 그리고 이른 새벽 다른 사람들의 움직임도 눈에 들어왔습니다. 신문을 배달하는 사람, 아침 장사를 준비하는 가게, 운동을 하러 나온 사람들….

지금까지 무명은 시간이 넉넉해도 늘 앞만 보고 서둘러 걸어가서 정류장에서 버스를 기다리는 쪽을 택했습니다. 그것이 한결 마음이 편했습니다. 그리고 버스가 올 동안 그날 해야 할 일들을 머릿속으로 재빨리 정리했습니다. 하지만 이제는 천천히 주위도 둘러보고, 계절의 변화도 느끼며 걷는 것을 택했습니다.

느긋하게 걷다 보니 출근 버스를 놓치면 어떻게 할까 하는 습관적인 걱정이 들기도 했습니다. 지금까지 그에게 버스를 놓친다는 것은 상상할 수도 없는 일이었습니다. 마치 죽음과 같을 정도로 심한 스트레스를 불러일으키는 사건이었습니다. 그러다 보니 한 번도 버스를 놓친 적이 없습니다.

하지만 '지금 내가 하고 있는 이 일에 의미를 두자'고 마음먹고부터는 혹시 버스를 놓치더라도 얼마든지 해결할 수 있는 다른 방법이 있다는 것을 알게 되었습니다. 최악의 경우 지각을 하더라도 그것 역시 자신이 충분히 감당할 수 있는 일이라는 사실을 알게 되었습니다.

시간의 노예로 살 때 무명에게 자신 이외의 모든 사람들은 그저 자신의 시간을 빼앗아갈 방해꾼일 뿐이었습니다. 자신이 사무실 책상에 앉아 하고 있는 일 외에 다른 모든 일들 역시 자신의 시간을 빼앗아가는 훼방거리일 뿐이었습니다.

그러다 보니 예정에 없던 사람이 찾아오면 긴장하고, 실제로 자신의 시간을 뺏는 일이 벌어지면 화가 나고, 그 상황이 점점 발전하게 되면 분노로 이어졌던 것입니다. 그 모든 것이 시간의 노예로서 단 1초의 시간도 빼앗기지 않겠다는 집착에 있었던 것입니다.

시간의 노예로 살아왔다는 이야기를 담담하게 풀어놓는 무명은 더 이상 찌든 도시인의 얼굴이 아니었습니다. 대신 두 눈은 초롱초롱 빛났고, 목소리는 조용했지만 삶에 대한 확신으로 가득 차 있었습니다.

"단 1초의 시간도 빼앗기지 않으려는 집착이 나 이외의 모든 사람과 사물, 사건에 대해 긴장하게 하는 마음을 일으키고, 그 긴장이 심해지면서 동요를 일으켜 짜증과 화로 발전하고, 마침내 분노가 일어났던 것 같습니다."

무명은 그렇게 말하고 자신의 긴 이야기를 마무리했습니다. 가만히 그의 이야기를 듣고 있던 나는 그에게 물었습니다.

"빼앗긴 시간의 정체는 무엇이라고 생각하십니까?"
"……"

무명은 잠시 말이 없었습니다. 나는 그에게 생각할 시간을 주었습니다. 그는 이미 답을 알고 있었고, 그에게 필요한 것은 자신의 언어로 그것을 표현하는 것이었습니다.

"그것은… 나 자신에 대한 집착이었습니다. 나의 이기심이었습니다."

무명은 빼앗기지 않으려고 몸부림쳤던 그 시간이 사실은 '자기 자신'이란 것을 알았다고 했습니다. 단 1초도 빼앗기고 싶지 않았던 시간이란 사실 '자기 자신'이었던 것입니다.

자기 자신에 대한 집착은 '나는 어떤 일이 있어도 조금도 손해 보지 않겠다'는 강한 이기심으로 무장한 보호막을 형성했고, 이 때문에 자신이 침해당하는 상황이 되면 그것이 무엇이든, 그 정도가 어떻든 상관없이 강한 거부감과 함께 심하게 균형감이 깨진 분노를 폭발시켰던 것입니다.

명상은 조화를 구하는 것이고, 조화를 이루기 위해서는 자신을 버려야 합니다. 자신을 버리기 위해서는 그 모든 집착에서 벗어나야 합니다. 무명은 시간이란 탈을 뒤집어쓴 자기 집착에 얽매여 있었고, 그 때문에 만나는 사람마다, 마주치는 상황마다 자신에게 괴로움을 안겨주는 원인으로 작용했던 것입니다.

분노 조절 장치의 고장 원인이 시간에 대한 집착, 나아가 자기 자신에 대한 집착에 있었다는 사실을 알게 된 무명은 '지금 내가 하고 있는 일', '지금 내가 만나고 있는 사람'에게서 의미를 찾고 최선을 다하자는 생각을 함으로써 그 집착에서 벗어날 수 있었습니다.

바로 그때 무명이 마주한 것이 진정한 '이타심'이었습니다. 자기를 버릴 수 있어야 지금 하고 있는 일과 지금 자기 눈앞에 있는 사람에게 최선을 다할 수 있기 때문입니다. 그것은 그 무엇에도 동요되지 않는 진정한 자유로움이었고, 동시에 자신의 내면에서 샘솟는 무한한 자비심이기도 했습니다.

무명은 자기를 버림으로써 자기에 대한 집착에서 벗어나 참된 자유를 누리게 되었습니다. 그리하여 그 무엇에도 동요하지 않는 참된 자기 자신과 마주할 수 있게 되었습니다. 그것은 무한한 자비심과 이타심으로 무장한 자기 본연의 모습이었습니다.

무명과 나의 마음 다스리기 여행은 이렇게 열한 번의 만남으로 마무리되었습니다. 고장 난 분노 조절 장치로 그동안 고통의 바다를 헤매었던 무명은 시간에 대한 집착, 자기 자신에 대한 집착이 그 모든 분노의 원인이란 것을 깨닫고 마침내 제대로 수리를 할 수 있게 되었습니다. 그런 무명에게 나는 분노 조절 장치를 수리했다고 모든 것이 끝난 것은 아니라고 말해주었습니다. 오히려 이제부터 시작이라고 했습니다.

분노 조절 장치는 앞으로도 얼마든지 고장 날 수 있습니다. 왜냐하면 사람에게 집착을 불러일으킬 수 있는 것은 너무나 많기 때문입니다. 그것이 무엇이든 집착하는 순간 분노 조절 장치는 망가지고 맙니다. 그러므로 분노 조절 장치가 고장 나지 않고 균형감을 잘 유지하기 위해서는 깨달음만으로는 부족하고 늘 깨어 있는 연습이 필요합니다. 깨어 있으면서 자신을 되돌아보고 자신의 내면을 들여다볼 때에만, 분노 조절 장치는 제대로 작동하게 되고 균형감을 잃지 않게 됩니다.

ⓒ윤여정

탁한 연못 속에 빠진 구슬을 찾으려면 물을 맑게 해야 합니다. 물을 맑게 하려면 가만히 두어야 합니다. 가만히 두면 물결이 고요해지면서 온갖 티끌이 가라앉아 물은 점차 맑고 깨끗해집니다. 그러면 구슬은 절로 드러나기 마련입니다.

이제 무명은 진리를 깨달았고, 보석을 발견했습니다. 그러나 그 보석이 계속 빛나도록 하기 위해서는 끊임없이 닦아주어야 합니다. 그렇지 않으면 보석은 빛을 잃고 맙니다. 보석이 빛을 잃으면 보석으로서의 의미는 사라지고 맙니다.

보석에서 계속해서 빛이 나도록 닦아주는 것이 바로 명상입니다. 매일매일의 명상을 통해 계속해서 깨어 있어야 깨달은 바가 끊임없이 생활 속으로 스며들어 변화된 말과 행동으로 나타나게 됩니다. 그렇지 않으면 모든 것이 헛되고 헛될 뿐입니다.

중용에서 공자는 '화합하되 휩쓸리지 않고, 가운데 바로 서서 기울어지지 않는 것이 강한 것이다(和而不流 中立而不椅 强哉矯)'라고 했습니다. 중용은 불교의 중도(中道)와 맥락을 같이합니다.

부처는 첫 가르침을 통해 감각적 쾌락과 고행의 두 가지 극단을 피하고 중도를 따르라고 했습니다. 세속과 어울리더라도 욕망과 갈망으로 허덕임이 없는 상태인 화광부동진(和光不同塵)이 화이불류(和而不流 : 화합하되 휩쓸리지 않는다)와 통하는 이유입니다.

보살은 불교에서 말하는 이상적인 인간상을 뜻합니다. 이런 보살의 마음을 상징하는 것이 '처렴상정(處染常淨)' 곧, 연꽃은 깨끗한 물에서는 살지 않는다는 것입니다. 연꽃은 더러운 물에 살지만, 그 더러움을 조금도 자신의 꽃이나 잎에 묻히지 않습니다.

다른 사람의 말에 공감하는 것과 동의하는 것은 다릅니다. 공감은 하지만 당당히 반대 의견을 낼 수 있다면 그 사람은 내면이 잘 서 있는 건강한 사람입니다. 마음이 건강하다는 것은 다른 사람의 감정에 휩쓸리고 동요되지 않으면서도 그 누구와도 시비나 갈등이 없는 마음 상태를 유지하는 것을 말합니다. 마치 탁한 연못 속에 아름답게 꽃을 피우는 연꽃과 같습니다.

지금까지 무명은 외부의 자극에 동요되지 않고 온전히 자신의 평온과 행복감에 집중하여 수행해 왔습니다. 이제 무명은 매일매일의 명상을 통해 한 걸음 더 나아가게 될 것입니다. 마음속의 자비와 열린 마음이 무명 자신에게서 시작해 자연스럽게 타인에게로 옮겨가는 경험을 하게 될 것입니다.

세속에 살면서도 세상의 더러움에 물들지 않는 청정한 마음을 가진 보살(菩薩)이 자신의 안락을 위해 홀로 깨달음의 경지에 머물러 있지 않고, 아프고 힘든 사람을 위로하기 위해 온갖 괴로움과 욕망이 넘쳐나는 세상으로 뛰어든 것처럼 말입니다.

진정한 명상의 완성을 향해 용기 있게 발을 내디딘 무명과, 이 땅의 또 다른 많은 무명들을 진심으로 응원합니다.

참된
나를 만나다

어느 날 무명이 전화를 걸어 왔습니다. 열한 번째 만남을 끝으로 헤어진 지 7개월 정도 지났을 때입니다. 무명은 자신의 많은 것이 바뀌었다고 했습니다.

가장 큰 변화가 퇴근을 일찍 하게 된 것이라 했습니다. 무명은 아무리 급한 업무가 있어도 7시나 8시까지 일을 하면 모두 처리할 수 있다는 것을 알았다고 합니다. 그리고 일찍 퇴근해도 아무 일이 벌어지지 않는다는 것도 알았다고 했습니다. 예전에는 일찍 퇴근하면 갑자기 회사에서 찾는 전화가 올까 봐 화장실에 갈 때도 휴대폰을 들고 갔다고 합니다. 하지만 연거푸 3주 이상을 정시에 퇴근해도 자신을 찾는 전화는 한 번도 없었고 사무실에도 아무런 일이 일어나지 않았다고 했습니다.

일찍 퇴근을 해서 어떤 변화가 생겼는지 물어보았습니다. 무명은 여유를 갖고 책을 읽을 수 있게 되었다고 했습니다. 그동안 업무와 관계된 책 말고는 본 적이 없었는데, 집에서 보내는 시간이 많아지자 자연히 책을 읽고 싶다는 욕구가 들었다고 했습니다. 그리하여 퇴근길에 책을 한 권씩 사는 즐거움을 누리고 있다고 했습니다.

텔레비전 드라마의 재미도 알게 되었다고 했습니다. 원래 무명은 텔레비전을 거의 보지 않았다고 합니다. 실제로 텔레비전을 볼 시간도 없었고, 특히 드라마는 병적으로 싫어했다고 합니다. 그러다 보니 드라마를 보고 있는 아내를 늘 한심한 눈으로 쳐다보았다고 합니다. 하지만 일찍 퇴근을 하고부터 드라마에 관심을 갖게 되었고, 8시 30분 드라마를 아내와 함께 꼭 챙겨본다고 했습니다. 그가 텔레비전에 관심을 가진 만큼 아내는 오히려 텔레비전을 덜 보게 되었다고 합니다. 그만큼 아내와 이야기를 많이 나누게 되었다는 뜻이었습니다. 그러다 보니 아내와의 사이도 더 좋아졌다고 했습니다.

일찍 퇴근을 하니 일찍 자고, 그러다 보니 더 일찍 일어날 수 있게 되었다고 했습니다. 예전에는 6시에 억지로 일어났는데 지금은 5시에 일어나는데도 늘 몸이 가볍다고 했습니다. 그리고 일어나자마자 명상을 한다고 했습니다.

그렇게 여유롭게 1주일을 보내다 보니 휴일에 하루 종일 자는 일도 사라졌다고 합니다. 그저 평일보다 한두 시간 더 늦게 일어나는 것만으로도 1주일 동안의 피로가 충분히 풀어진다고 했습니다. 그래서 전과 달리 쉬는 날이면 가족과 함께 영화를 보거나, 가까운 야외로 나들이를 가기도 하고, 아내와 함께 시장에도 간다고 했습니다. 상상할 수도 없던 일들이 현실이 되었다고 했습니다.

무명이 자신이 정말로 변했다는 것을 가장 강하게 느끼는 때는 운전할 때라고 했습니다. 차를 운전할 때마다 그는 엄청난 스트레스를 받는 사람이었습니다. 시도 때도 없이 끼어드는 차량들과 이유 없이 굼벵이처럼 기어가는 차들 때문에 단 한 번도 즐겁게 운전한 적이 없다고 했습니다.

그런데 최근 몇 달 동안 운전을 하면서 짜증이 난 적이 한 번도 없다고 했습니다. 당시에는 잘 몰랐는데 돌이켜보니 자신도 놀라울 정도라고 했습니다. 심지어 자칫하면 사고가 날 뻔한 위험한 상황이었는데도 자기도 모르게 '사고가 안 났으니 다행이다' 하면서 싱긋이 웃는 여유까지 생겼다고 합니다.

한편 그토록 힘들었던 대화와 협상도 너무나 쉬워졌다고 했습니다. 이해관계가 다른 사안을 놓고 다른 부서의 팀장들과 회의나 협상을 할 때, 예전에는 그 상황을 생각만 해도 스트레스를 받고 힘이 들었는데 요즘은 전혀 그렇지 않다고 했습니다. 왜냐하면 자기의 모든 것을 내려놓을 수 있다는 생각을 하고 대화나 협상에 임하기 때문이라고 했습니다.

만일의 경우 100% 양보할 것을 생각하고 협상에 나서다 보니 협상 자체가 부담이 없고, 다만 10%를 얻기만 해도 그만큼 이익을 얻은 것이라고 생각하자는 마음은 여유 있는 협상을 할 수 있게 했다고 했습니다. 그러다 보니 오히려 훨씬 더 많은 것을 얻는 경우가 많다고 했습니다.

ⓒ김선영

이런 변화된 모습을 살펴보면서 무명은 그동안 자신을 그렇게 힘들게 했던 것이 자기 자신에 대한 집착이었고, 이기심이었다는 것을 다시 한 번 알게 되었다고 했습니다.

무명은 이제야말로 참으로 분노를 조절할 수 있을 것 같다고 했습니다. 자신이 변화했기 때문이 아니라, 앞으로도 끊임없이 명상을 할 것이기 때문이라고 했습니다. 그렇게 무명과의 전화가 끝났습니다.

그 이후로 무명은 연락이 없었습니다. 나는 무명이 여전히 잘 살고 있을 것이고, 앞으로도 잘 살 것이라 의심하지 않습니다. 그는 오늘도 아침마다 자신의 마음을 다스리는 명상 여행을 계속하고 있을 것이기 때문입니다. 그 여행은 무명 자신을 변화시키고, 나아가 주변의 많은 사람들을 변화시켜 나갈 것입니다.

명상,
어떻게 해야 할까?

1. 조용한 곳에 홀로 앉는다

가까운 곳에 명상을 할 수 있는 선방이나 사찰이 있어 늘 정해진 시간에 명상을 할 수 있다면 가장 좋지만 그런 환경을 가진 사람은 많지 않을 것이다. 이 경우 집에서 하면 되는데, 다만 집에서 하더라도 늘 같은 장소에서, 같은 시각에 하는 것이 좋다.

만약 집에 여유 방이 있어 명상 전용 방으로 꾸밀 수 있다면 더할 나위 없이 좋다. 명상 전용 방을 꾸밀 때는, 명상에 필요한 방석 2장과 명상표, 그리고 타이머 외에는 아무것도 두지 않는 것이 좋다. 여러 가지 물건들이 있게 되면 시선을 빼앗기게 되고, 시선을 빼앗기면 마음도 흐트러지기 때문이다.

만약 따로 명상방을 마련할 형편이 못 된다면 조용한 방을 골라 명상을 하면 된다. 이때는 방 한쪽을 치우고, 그 자리에 늘 방석을 펴 놓아 언제라도 명상을 할 수 있도록 하면 된다.

2. 새벽 명상이 가장 좋다

하루 중 언제 명상을 하는 것이 좋은지는 따로 정해진 것은 없다. 자신의 신체 리듬에 따라 달라질 수 있기 때문이다. 아침에 일찍 일어날 수 있는 사람이라면 아침에 하는 것이 좋고, 아침에 일어나는 것이 유난히 힘든 사람이라면 잠자기 전에 하면 좋다.

언제 하든 크게 상관은 없지만, 할 수만 있다면 이른 새벽에 하는 것이 가장 좋다. 새벽은 하루 중 에너지가 가장 강한 때이고, 고요한데다가, 무엇보다 명상을 방해할 만한 일이 잘 벌어지지 않기 때문이다.

ⓒ윤여정

3. 하루 15분 명상으로 시작한다

처음 명상을 시작하는 사람은 '하루 15분'으로 시작하는 것이 좋다. 처음부터 너무 무리하면 명상의 즐거움을 누리기도 전에 너무 힘든 나머지 두 번 다시 명상을 안 하게 될 수도 있다. 따라서 명상 시간은 각자의 능력과 형편에 따라 탄력적으로 조정하는 것이 좋다.

매일 명상을 한다고 가정했을 때 하루 15분 명상에서 시작해 자신의 상황에 따라 조금씩 시간을 늘려 가면(3개월 이후 1개월마다 5분씩) 큰 무리가 없다. 그리하여 최종적으로 하루 50분 명상을 목표로 하면 된다.

일상에서 15분은 짧은 시간이지만, 고요한 곳에 홀로 앉아 선정에 든다면 많은 것을 이룰 수 있는 시간이기도 하다. 자신의 하루를 되돌아볼 수도 있고, 자신의 지나온 생애 전부를 되돌아보기에도 충분한 시간이다.

4. 바르게 앉는다

명상의 첫 출발은 '바르게 앉는 것'이다. 바른 자세로 앉아 명료한 의식 상태에서 생각과 시선을 한곳에 모으는 것이 중요하다. 이것이 제대로 되지 않으면 명상은 처음부터 시작할 수도 없는데, 일반적으로 명상을 할 때 취하는 자세를 '결가부좌'라고 한다. 오른발은 왼쪽 허벅지 위에 올리고, 왼발은 오른쪽 허벅지 위에 올리는 것을 말한다.

하지만 명상을 처음 하는 사람이 하루아침에 결가부좌를 취하기는 쉽지 않다. 몸이 유연한 사람이라면 특별한 노력 없이도 결가부좌를 할 수 있겠지만, 대개의 경우 자세를 잡기도 힘들거니와 억지로 잡는다고 해도 고통스러울 정도로 불편하기 때문에 오히려 명상에 방해가 될 가능성이 많다. 그러므로 처음부터 무리해서 결가부좌를 고집할 필요는 없다.

명상 초보자에게 비교적 쉽고 편안한 자세는 '반가부좌'이다. 반가부좌는 한쪽 발만 다른 쪽 허벅지 위에 올려놓는 모양새를 말하는데, 결가부좌에 비해 훨씬 수월하다. 그러므로 처음 명상을 하는 사람이라면 기본적으로 반가부좌를 한다고 생각하면서 자신의 몸 구조에 따라 편안한 자세를 취하면 된다. 몇 번 되풀이해서 앉다 보면 자기 몸에 맞는 자세를 알게 된다.

반가부좌를 취할 때는 허벅지 위에 올리는 발을 가끔 바꾸어주어야 한다. 예컨대 왼발만 계속해서 오른쪽 허벅지 위에 올리게 되면 몸의 균형이 깨져 골반이 틀어질 수 있다. 그러면 척추도 영향을 받게 되고 결국 자세가 바르지 않게 된다.

ⓒ윤여정

5. 방석 한 장을 반으로 접어 받치고 앉는다

반가부좌를 하면 자세는 반듯하게 되지만 몸이 자꾸 뒤로 넘어가려는 듯한 느낌을 받게 된다. 이때 몸의 균형을 유지하려고 허리에 힘을 주게 되면 몸은 더욱 불편해지고 만다. 이럴 때는 방석 한 장을 반으로 접어 엉덩이 아래에 살짝 끼우면 무게중심이 앞으로 쏠리면서 전체적으로 몸이 반듯하게 되고 편안하게 균형이 잡힌다. 방석이 없다면 얇은 베개 같은 것을 깔고 앉아도 좋다.

명상을 할 때는 기본적으로 쿠션이 좋은 방석을 깔고 앉는 것이 좋다. 자세가 바르다고 해도 쿠션이 충분치 않은 방석 위에 앉게 되면 시간이 지날수록 엉덩이와 허벅지 부분이 몸무게에 의해 눌리면서 혈액순환이 제대로 되지 않기 때문이다. 그러면 다리가 저리고 통증이 일어나 명상에 집중하기가 어려워진다.

ⓒ윤여정

6. 두 손을 포개고 엄지손가락을 맞닿게 한다

두 손은 배꼽 아래쪽에서 동그랗게 모은 뒤 살짝 포개면 된다. 반가부좌만 취해도 몸이 반듯하게 되면서 무척 안정적이 되는데, 여기에다 두 손을 배꼽 아래서 모으게 되면 몸은 더욱 안정적이 되면서 명상에 적합한 자세가 된다.

두 손을 포갤 때는 왼발이 위에 있다면 왼손을 위로 하고, 오른발이 위에 있으면 오른손을 위로 하면 된다. 그리고 두 엄지손가락을 살짝 맞닿게 해서 동그랗게 모양을 만들되, 이때 두 엄지손가락 사이에 종이 한 장이 있다고 생각하면서 살짝 힘을 주면 된다. 엄지손가락을 맞닿게 하는 이유는 몸 양쪽의 기운이 손가락을 통해 잘 순환하도록 하기 위해서다.

동그랗게 모은 두 손은 아랫배에 가볍게 붙이면 된다. 두 손을 힘없이 아래로 늘어트리게 되면 명상을 하는 도중 자세가 쉽게 흐트러지게 된다. 팔과 겨드랑이는 너무 죄지 말고 가볍게 벌리는 것이 좋다. 그래야 약간의 긴장감이 몸에 흐르면서 졸지 않게 된다.

ⓒ윤여정

7. 입을 살짝 다물고 가볍게 미소를 짓는다

입을 지그시 다문 상태에서 윗니와 아랫니를 살짝 맞닿게 하면 입술과 이 사이에 공기가 새지 않고 입술 근육이 죄어져 안면부터 머리까지 상쾌해지면서 약간의 긴장감을 유지할 수 있다. 그 상태가 되면 자연스럽게 혀가 입천장에 살짝 닿게 되는데, 그렇게 되면 입 안에 공기가 남지 않아 호흡이 한층 안정되어 명상에 더욱 집중할 수 있다.

입천장에 혀를 대고 있으면 혀 밑에 침이 고이는데, 어느 정도 모이면 살짝 삼켜주면 된다. 입 안에 침이 많이 고인다는 것은 그만큼 명상에 집중하고 있다는 뜻이기도 하다.

살짝 미소를 머금는 것도 중요하다. 명상을 하는 사람들 중에는 화가 난 듯 딱딱한 표정인 사람들이 있는데, 입에 살짝 미소를 머금기만 해도 훨씬 표정이 부드러워지고 명상도 즐거워진다. 입을 다문 상태에서 살짝 미소를 머금는 것을 의식적으로 서너 번 하다 보면 자연스럽게 몸에 배게 되는데, 매일 명상을 하고, 명상을 할 때마다 지그시 미소를 머금게 되면 생활 속에서도 늘 미소를 머금은 얼굴이 된다.

8. 시선은 한곳에 묶어둔다

선방에서는 명상을 할 때 방바닥에 눈으로 작은 동그라미를 그린 뒤 그 안에 시선을 고정시킨다. 하지만 처음 명상을 하는 사람이 그렇게 하기는 너무 힘들다. 그러므로 집중표를 활용하는 것이 좋은데, 집중표는 시선을 붙들어두는 역할을 한다.

집중표는 너무 가까우면 고개가 많이 숙여지기 때문에 호흡이 불편해지고, 너무 멀면 시선을 집중하기가 어려워진다. 앉은 상태에서 집중표를 바닥에 놓고 허리를 숙여 집중표를 최대한 앞으로 민 다음, 그 자리에서 약 10센티미터 더 먼 곳에 집중표를 놓으면 가장 적당한 자리가 된다. 이때 엉덩이가 바닥에서 떨어져서는 안 된다.

평소 안경을 쓰는 사람은 안경을 쓰고 집중표를 응시해야 한다. 명상을 하다 보면 안경이 거추장스럽게 느껴지기도 하는데, 그렇다고 안경을 벗고 집중표를 응시하면 또렷하게 쳐다볼 수가 없다.

ⓒ윤여정

집중표가 선명하게 보이지 않으면 집중력도 떨어진다.

　시선을 집중표에 고정시키고 오랫동안 응시하다 보면(적어도 5~10분 이상) 집중표 가운데의 하얀 동그라미에서 빛이 나기도 하고, 마치 살아있는 것 것처럼 동그라미가 꿈틀거리기도 한다. 어떤 때는 동그라미가 입체적으로 보이기도 하고, 하얀 동그라미와 검은 부분이 분리되는 것처럼 보이기도 한다. 이러한 현상들은 집중을 잘하고 있다는 신호다.

　더 강한 집중 상태가 되면 주위가 모두 사라지고 하얀 동그라미만 남아 점점 커지게 된다. 그리고 마치 그 안으로 빨려 들어가는 듯한 경험을 하게 되는데, 이런 경험은 오로지 시선을 집중표에 고정시킨 채 강한 집중 상태를 오랫동안 유지할 때에만 가능하다.

9. 시선이 머문 곳에 마음도 머물게 한다

시선을 한곳에 고정시켰다면 마음도 그곳에 머물도록 해야 한다. 이것이 명상에서 가장 중요하다. 사실 명상은 결코 어려운 것이 아니다. 시선을 고정시킨 그곳에 마음을 묶어두기만 하면 된다. 그렇게 되면 1시간을 앉아 있어도 몸과 마음에 불편함이 없다. 그런데 마음을 묶어두지 않으면 다만 5분을 앉아 있어도 그 시간은 너무나 길고 고통스럽게 느껴진다.

시선을 한곳에 고정시키고 그곳에 마음을 묶어두면 곧 잡념이 사라진다. 하지만 한순간 지나면 또 다시 잡념이 찾아온다. 잡념에 빠지지 않기 위해서는 집중표에 고정시킨 시선에 계속해서 마음을 묶어두어야 하는데, 이것은 '집중표에 시선을 모으고 있다'는 사실을 끊임없이 알아차리는 것을 말한다. 이 '알아차림'의 끈을 놓치게 되면 곧바로 잡념에 빠져들고 만다.

10. 배로 호흡한다

대부분의 사람들은 흉식호흡을 하는데, 한 번 숨을 들이마시고 내뱉는 데 걸리는 시간은 기껏해야 3~5초 정도이다. 하지만 명상을 할 때는 조금 천천히 숨을 쉬면서 복식호흡을 해야 한다. 곧, 온 의식을 코에 모은 뒤 천천히 숨을 들이마시되, 의식적으로 아랫배를 볼록하게 내밀면서 배 밑바닥까지 공기를 빵빵하게 채운다는 생각으로 숨을 들이쉬어야 한다.

배에 공기가 가득 찰 때까지 숨을 들이마시고, 가득차면 아주 천천히 숨을 내쉬면 된다. 그리고 마지막에 가서는 몸 안에 남아 있는 한 줌의 공기까지 모두 몸 밖으로 내보낸다는 생각으로 배를 홀쭉하게 만들면 된다. 그렇게 하면 온몸으로 호흡을 한다는 느낌이 들 것이다. 이런 식으로 한 번 숨을 쉬게 되면 적어도 20초 이상이 걸린다.

물론 처음부터 이렇게 할 수는 없다. 처음에는 자연스럽고 편안하게 호흡하는 것이 좋다. 다만 기억할 것은 숨을 들이마실 때 배를 내밀고, 숨을 내뱉을 때 배를 홀쭉하게 만드는 것이다.

11. 불편할 때는 몸을 천천히 움직여 불편함을 없앤다

쿠션이 좋은 방석 위에 바른 자세로 앉으면 비교적 오래 앉아 있어도 불편하지 않다. 명상하는 동안 어딘가 불편하다면 자세가 바르지 않다는 뜻인데, 만약 너무 불편해 명상을 계속할 수 없을 정도로 고통스럽다면 자세를 약간 바꿔주어 불편함을 없애는 것이 좋다.

다만 자세를 바로잡는다고 몸을 심하게 움직여서는 안 되고, 옆에서 보면 전혀 몸을 움직이지 않는 것처럼 보일 정도로 아주 천천히 움직여 불편한 자세를 고쳐주는 것이 좋다. 그래야만 집중 상태가 깨지지 않게 된다.

명상 도중 가장 쉽게 흐트러지는 것이 허리와 어깨이다. 명상을 하다 보면 자신도 모르게 턱이 앞으로 빠지면서 등이 굽게 되는데, 그렇게 되면 호흡하기가 힘들어지고 나중에는 등에 통증도 생긴다. 이때는 턱을 몸쪽으로 살짝 당기고, 누가 위에서 머리를 잡아당긴다고 생각하면서 머리부터 허리를 쭉 펴면 바른 자세가 된다.

12. 명상 일기 쓰기

명상을 하고 나면 곧바로 명상 일기를 쓰는 것이 좋다. 명상을 하는 동안 몸은 어떠했는지, 호흡은 어떠했는지, 시선은 잘 고정시켰는지, 그리고 전체적으로 잘 집중했는지 등 명상하는 동안에 일어난 여러 가지 변화들을 기록하다 보면 조금씩 변해가고 발전해가는 자신을 발견할 수 있게 된다.

날마다 명상을 하고 날마다 명상 일기를 적다 보면, 어느 순간 그날이 그날이라 더 이상 쓸 것이 없다는 생각이 들 때가 있을 것이다. 그런 생각이 드는 순간, '아, 내가 습관적으로 앉아 명상을 하고 있구나' 하고 알아차릴 수 있어야 한다.

명상은 고요함 가운데 평화롭게 앉아 있는 것이지만 내면에서는 늘 치열함이 느껴져야 한다. 그리하여 언제나 '오늘 처음 하듯' 해야 한다. 오늘 처음 하는 명상이라면 쓸 말이 없지는 않을 것이다.

이제 자리에서 일어나 고요한 곳으로 가서 홀로 앉아 15분 동안 선정에 들어가보자.

✎ 고맙습니다 ✎

이 책은 많은 분들의 수고로 만들어졌습니다.
세세하게 교정을 봐주신 박영희 님, 김우현 님
좋은 사진을 제공해주신 신새벽 님
오랜 시간 공을 들여 사진을 찍어주신 윤여정 님
아름다운 모델이 되어주신 고준희 님, 송영미 님께
깊이 감사드립니다.

- 책으로여는세상 -

〈집중표〉